超選ばれる人

「あなたしかいない」と言われる人が実行している3ステップ

はじめに

選ばれる人とは？

〝時代が求める人物像〟は大きく変化している

みなさん、はじめまして。

まずはこの本を手に取っていただいたことを心から感謝いたします。

私は麻加真希《あさかまき》といいます。この20年ほど、受験生や大学生、企業や官庁《かんちょう》で働く社会人に向けて、〝自分の強みを発見し、それを花開かせる方法〟をテーマにした実践講義やセッションを行っています。

タイトルにもある通り、この本では、これからの時代において〝選ばれる人〟になるために必要なこと、そしてそれを自分の中に育てていく方法についてお話ししていこうと思います。

〝選ばれる人〟とは、自分の強みやオリジナリティを武器に、その人にしかない価値を周囲に伝えることができる人です。

そんな人は、多くの信頼を集め、自分の強みを活かせる場や出会いに恵まれます。新たなチャンスへの挑戦で、その人の価値は高まり、同時にその人が所属するチームや組織のメンバーもそれぞれの強みを磨き上げていくことができます。

自然とその人は周囲をまとめるリーダーシップを発揮するようになり、誰かの幸せや未来の一助になることで、本質的な幸福や豊かさを手に入れることができるのです。

〝選ばれる人〟の人物像は、今、時代の流れに合わせて大きく変わろうとしています。

今は、さまざまな世界観や価値観が激流のようにぶつかり合う時代。どう考え、どう動き、どう進むべきなのか、先を読んでいくのが本当に困難です。そんな時代に自分を活かしながら確実に前進できるのはどんな人物なのか？

その〝選ばれる人〟の人物像の変化が、まっさきに、そしてもっとも顕著に現れているのが、一流大学の入学選抜方法だと言われています。

〝優秀な人材〟の定義は180度変わった

日本の大学の入試システムはこの20年で大きく様変わりしました。

かつてのような、一斉ペーパーテストによる偏差値評価型入試だけではなく、総合型選抜入試（旧AO入試）や学校推薦型選抜入試（旧推薦入試）が昨今では重視されてきているのです。今では、日本の私立大学入学者の半数以上が、総合型（旧AO）または学校推薦型入試の合格者となっています。

総合型選抜・学校推薦型選抜入試とは、偏差値では測れない、その受験生のあらゆる角度から見た人格を審査し合否を決める判定方法です（総合型選抜〔旧AO〕入試は高校生の誰もが受験することができ、学校推薦型選抜入試は学校の推薦を前提に出願できるという違いがあります）。

どちらの入試も、志望理由書、活動報告書、面接、小論文、内申書などで総合的に判断され、とくに面接においては、書類だけでは測れないその人の人間性、個性、世界観や価値観、思考や行動のしかたについてなど深い部分が問われます。

日本では現在、東京大学、京都大学、東北大学、大阪大学、筑波大学、慶應義塾大学、早稲田大学ほかトップレベルの大学が総合型（旧ＡＯ）や学校推薦型の選抜入試を実施しています。

その理由はただひとつ、〝より優秀な人材を確保したい〟からです。

アメリカの一流大学はじめ海外の大学では高い能力を持つ人間を見極めるためにＡＯ入試が一般的です。ＡＯ入試は大きな実績を上げており、日本はこれを参考に改革に着手していった形です。

優秀な人材は、偏差値重視のペーパーテストではなく、人物重視のＡＯ入試によってあぶり出されるということがアメリカはもちろん、日本でも主流の考え方になってきたのです。

かつて、経済が右肩上がりに発展していった時代には、偏差値の高い大学に入り、大企業に就職し、定年まで勤め上げるといった人生の安定路線がありました。が、バブル崩壊、急激なIT化やDX化、グローバル化やその反動での保護主義など、今は、多様な価値観が渦巻く〝正解のない時代〟。トップクラスの大学では、そんな時代を引っ張っていける起業家精神のある人材、ゼロから1を生みだせる人材を求め、入試制度を改革していったのです。

私はこの20年間、総合型・学校推薦型選抜入試に向けた、人格や思考や自己アピールのメソッド講義や、個人セッションによるコンサルティングに重点を置いて仕事をしてきました。実績で約3万人の受験生を日本トップレベルの大学の合格へと導いています。

人格は、知識や暗記している量では決して判断できません。その人物が、どう考え、何を目指し、そのために自分の能力をどう活かして行動していこうとしているのか。その思考や個性を基準に、世界のトップを走る大学は学生を選抜しているのです。

〝選ばれる人〟の変化は、人間の思想や技術のイノベーションの源である一流大学への入口で現れはじめました。

そしてこの変化は世の中のいろいろな場所へどんどん浸透しています。これからもさらに広がっていくでしょう。今、日本で初めてこういった入試方式を経験した世代が、**社会人としての経験を経て、徐々に企業や社会の意思決定層になりはじめています。**

人に、組織に、社会に〝選ばれる人〟のタイプが今後大きく変わっていくのです。すでにはじまっている新たな時代に、テクノロジーの進化と価値観の多様化の中で、自分自身をどう深めて、どのように社会へアピールし、輝かせていけばいいのか。それがこの本のテーマです。

主体性のない人は生き残れない時代に

この書籍のｃｈａｐｔｅｒは次の３つに分かれています。

①自分自身を知る
②思考や行動のしかたを知る
③表現・伝達していく方法を知る

内容は、私の講義やセッションの再現を意識しました。

書き出すことを中心にワークしていただくパートもたくさんあり、なかには1ヶ月ほど記録をつけるワークもあります。

明日からすぐに使えるテクニックもありますが、徐々に自分に染み込ませたい行動習慣やマインドセットのクセづけといった項目も多くあります。

実際にご自身の頭や体を使っていただくことで、1ヶ月後、1年後、10年後のご自身のありかたを大きく変えていくことを目指す内容です。


新しい時代に選ばれる人は具体的にどんな考え方やスキルを持っているのか?

この20年のあいだ、世界や日本のトップにいる教育機関や知識層、力のあるリーダーや経営者に〝選ばれる人〟を見続け、講義やセッションをしてきた経験を元にリストアップしてみます。

- 自分のオリジナリティを理解している
- ネガティブな経験から学んだ経験がある
- 起こることをポジティブに転換できる
- 自分自身が面白がれる目標を持っている
- 仲間思いでチーム思考ができる
- 誰かの役に立ちたい思いがある
- 伝え上手、表現上手
- 自分らしいこだわりがある
- 最後まで諦めない
- 人や外的要因のせいで終わらせない
- 主体性がある
- 聞く力がある
- 惜しまず全力を尽くせる

浮かび上がるのは、

「自分を知り、自分を整え、自分から楽しむという主体性」と「誰かのため社会のために自分を役立てるという利他の意識」を、バランスよく持っている人物像。本書の内容もこの二つの意識を軸に展開していきます。

今持つべきは、他人と比較したり、世間体としてこうでなければならないという思考ではなく、自分に誇りを持ち、自分の中にある個性を無駄にせず、自分がどうしたいという主体的思考です。

また、〝自分〟の考えを持つ一方で、ソーシャルグッド（社会に対していいインパクトを与える）な考え方を基盤に生きていくことも同じくらい大切です。元来自己中心的な人間がこの考え方を常に意識していくのは相当困難なことかもしれません。理想と現実のギャップに悩むことも多々あるでしょう。それは私自身も日々身に染みて思うことです。

ただこの二つの考え方を、迷ったときや大きな決断をするときの道しるべと考え、日々判断していくようにすれば、それが自然と自分の思考になっていくと思うのです。

それではじめていきましょう。

自分を振り返り、自分の中にあるものを磨き、研ぎ澄ませていくことで、〝選ばれる〟自分に変わっていく体験、ぜひ楽しみながら参加してください。

麻加真希

chapter 2

思考と行動編『小さな強みを大きな自信に育てる』

chapter 3

表現編『選ばれる人になる自分アピールのヒント』

chapter 1

自分はがし編

『自分の強みを発見する』

時代や社会に選ばれる人になるためにまっさきにすべきことは、何だと思いますか？

私が確信している答えは〝自分を知ること〟。自分を深く知ることができれば、自分にしかない強みを発見できます。そして自分の力を信じることができるようになります。

一般的に日本人は欧米の人に比べて自己肯定感が低いと言われます。皆さんの中には悩みや挫折を抱え込んで「自分なんてこんなもの」と諦めかけている人も少なくないかもしれません。多くの人が「自分の力を信じるなんて、簡単なことではない」と思うでしょう。

でも、どんな人でも人生経験やそこで培ったキャラクターや精神、思考の中に、必ず自分にしかない強み、つまり〝自信の元〟を持っているものなのです。でも、なぜか自分の外に答えがあると思って遠回りをしてしまう人が多い。

まずは、自分の中にある〝自信の元〟を探し出し、掘り起こし、磨き上げていくこと。

最初は信じられないかもしれませんが、これから私がお話しする方法を実践することで〝自信の元〟である〝自分にしかない強み〟を見つけ育てることができるのです。そして強みを手に入れたら、それを活かすちょっとしたテクニックをマスターすることでどんな人でも〝自分を信じる力〟を持てるようになります。

私は実際、劇的な変化を遂げた人たちを今まで何千人、何万人と見てきました。そのＢＥＦＯＲＥ↓ＡＦＴＥＲを見て気づくのが、〝実は自分のことは自分が一番知らない〟という事実です。自分に対する先入観や偏見で、自分で自分に蓋をしていたり、〝自分をこじらせている〟人が驚くほど多いのです。

でも、私は自分の指導経験から断言できます。自分のこれまでの歴史を整理し、自分の思考や内面を丁寧《ていねい》に振り返っていけば、その中に〝自信の元〟は必ず見つかるのです！

ｃｈａｐｔｅｒ１では、自分自身への思い込みや誤解をひとつひとつはがしていき、そこから、「本当の自分」を発見する作業をしていきます。この作業はまず、自分自身の過去の整理からスタートします。これまでの人生、いろいろな経験を経て、その結果、自分の中に蓄積されてきた要素を掘り起こす作業です。過去を振り返り細かく見つめていくことは、自分の未来に輝きを与えることにつながっていくものです。

chapter1を読み進める前に、まずは持ち歩けるサイズの好きなノートを1冊用意してください。あるいはスマホのメモ機能を使ったり、エクセルでリスト化する形でもOKです。

この章ではいろいろなワークが出てきます。読み進めながら、本書の説明に沿って、過去の自分から気づいたことや、自分の奥深くにある長所や短所を、どんどん書き込んでいきましょう。本文で紹介するノート記入例も参考にしてみてください。

自分ってどんな要素でできている？　どんな強みや弱点を持っている？　どこを磨けばもっと輝く自分になれるのか、社会の中で選ばれる自分になっていけるのか？さあ、まずは、自分の中に眠る〝自信の元〟を探す、自分はがしのスタートです。

思い描く未来へ、あなたをつれて行ってくれるのは、他でもないあなた自身なのです。

1 5年後の自分を物語にする

5年後の"なりたい自分"を設定する

自分を構成する要素を探る過去や内面への冒険に出る前に、まず、自分の中にぼんやりしたゴールのイメージを作っていきましょう。自分はがしのウォーミングアップの感覚で、自分が求める未来を思い浮かべてみるのです。

5年後、あなたはどんな自分でありたいと思いますか？　時代や社会や、自分が好きなコミュニティや人物から「選ばれる自分」に変わったあなたは、どんな人になっているでしょうか？　5年後の自分を具体的にイメージしてみてください。10年後、20年後だとちょっと遠すぎてリアルではないかもしれませんが、5年後だったらぼんやりと理想が見えてきませんか？

この5年後イメージのワークは、大学の総合型（旧ＡＯ）・学校推薦型選抜入試を控えた高校3年生に向けた私の講義でも必ず行っているものです。

「え？　大学入試が目の前に迫った高校生に5年後の目標？」と不思議に思われるかもしれませんね。でも彼らにとって大学入学は決してゴールではなく、なりたい自分を実現するためのひとつの通過ポイントだと私は考えます。自分の20代をこんなふうに生きていきたい、こんなふうに人のために動きたいという大きな目標に向かうために必要な、知識や情報、さまざまな経験やネットワーク作りを求めて大学入試に挑むのだと考えていますし、高校生にもそんな考えを持ってほしいと伝えます。

最初はみんな、5年後の自分なんて、なかなか想像できないようです。でも、やりたいことや経験したいこと、行ってみたいところや住みたい場所など、小さくていいからワクワクすることを自由に思い浮かべることからはじめれば、だんだんと具体的に5年後のなりたい自分が浮かんでくるようです。

目先の大学合格を目標にするのではなく、5年後の自己実現を目標にしたこの考え方に切り替えることで、彼らは受験を突破し勝利する力をぐんぐん身につけていきます。少し先のゴールがあれば、今、どう動くべきか、何を習得するべきかがはっきりと見えてくるからです。

この5年後の自分イメージは、もちろん後からいくらでもアップデートが可能です。自分ならではの強みを見つける作業を進めるうちに、5年後の自分のゴールが変化するケースもとても多いのです。大切なのは、どんな状態の自分であっても、常に未来の自分を意識するということです。

5年後物語のコツ① 夢7割：現実味3割

さあ、5年後の自分をイメージしてみてください。

ひとつのゴールだけに絞れなければ、いくつかのチョイスがあってももちろん大丈夫です。まずは、自由な感覚でイメージしてほしいのです。

イメージするコツが二つあります。

ひとつは、夢7割：現実味3割のバランス。いろいろなラッキーが重ならないと難しいかもしれないけれど、実現できなくはなさそうな5年後とか、かなり努力すれば夢ではないかもしれないと思える5年後のイメージです。「できる・できない」重視ではなく、「こうなりたい！」というポジティブ思考重視でまずは考えてみてください。

5年後物語のコツ② 「誰かの役に立つ」という視点

5年後をイメージする二つめのコツは、社会や仲間の役に立つという視点を意識すること。

お金持ちになりたい、きれいになりたい、何でもいいから社会的な権力を手に入れたい……など、「誰かのために」という部分がない自己中心的なゴールを設定するのではなく、「未来や社会のためになること」「誰かの役に立てること」を視点に置いてイメージしてほしいのです。利他《りた》の心を意識したゴールを設定すると、自己中心的なゴールを設定したときよりも、不思議なことに、そこに到達するさまざまな方法が見えやすくなります。

私の講義に参加した40代の女性経営者も〝誰かのために〟という視点を持つことで「改めて自分の将来のイメージを明確にすることができた」と受講の感想を話してくれました。

「自分の目標、自分の理想から一歩外に出て、どんな役に立ちたいのか？　という視点を持てば、自分の軸がしっかりしてくることに驚きました。自分像が見えてくると、そうなるための行動も整理されてきます。新しい自分に向けてスタートできそうです！」（講義後のリアクションペーパーより）

このソーシャルグッドな視点を持つ意識は、「選ばれる自分」になる基礎訓練でもあります。

ひとりよがりな5年後ではなく、誰かの力になったり誰かの役に立っている5年後を想像してみてください。

ゴールを決めると、行き方が見えてくる

「5年後の私」イメージは何のために行うのか、お話ししておきましょう。

行き方を知るには、スタート地点とゴール地点が必要です。ゴールが定まらないままでは、当たり前ですが、いつまでたっても行き方は見つからないのです。

自分改革にも同じことが言えます。明確なゴールがあれば、そこへの行き方も自然

とはっきりしてきます。もっと価値のある自分になりたい、もっと認めてもらえる自分になりたい、といった漠然としたイメージではなく、もう少し具体的なゴールを設定することが重要です。

例えば、

- ○○の資格をとって開業のための準備をスタートする
- 自分が提案した◎◎の新規プロジェクトの運営を軌道に乗せている
- 自分の担当ブランドを年商△億円規模にし、ブランドサイト運営のチームリーダーとなる
- テレワーク可能な企業へ転職し、故郷にUターンし親との2世帯同居生活をスタート

といった具合です。

そして、ゴールを設定したら、スタート地点をはっきり把握することも不可欠です。

「A地点へ行きたいから行き方を教えてください。スタート地点はまだわからないの

ですが」。こんな質問では答えは見つかりませんよね。

chapter1では5年後の自分というゴールを設定した上で、「自分にはどんな強みやオリジナリティがあるのか」というスタート地点をはっきりと把握する作業を進めていきます。スタートとゴールが決まれば、そこへの行き方がつかめます。何が足りないのか、何を活かせばいいのかという方法が見えてくるのです。

5年後の仕事・生活・環境を具体的に描く

5年後の自分がなんとなく想像できてきましたか？

では頭の中にある未来の自分像をノートにメモしていきましょう。「未来の私」はどんな人でどんな人生を歩んでいるでしょう。

仕事
どんな仕事を、どんなふうに行っている？　どのくらいの収入を得ている？　どんな社会的地位にいる？　職場や社会にどんなふうに役立っている？　生み出す価値は誰にどんなメリットを与えている？　自分の仕事についてどんな点に満足し、どんなところをステップアップさせたいと思っている?

キャラクター

あなたはどんな人として社会や家族の中にいる? 仲間や家族の中で、あなたはどんな存在? どんなふうに思われている? どんなときにみんなはあなたを頼りにする?

家族やパートナー

プライベートの時間は誰とどんなふうに過ごしている? 愛情や痛みをどんな人たちと分かち合っている? どんな関係性を築いている?

ライフスタイル

住んでいる場所は? どんな立地? どんな暮らし方をしている? オフ時間の過ごし方は? 困ったことやトラブルは誰に相談する?

趣味や学び

どんなスキルを磨こうとしている? どんなことにワクワクしている? どんな時間に満たされている?

マインドや価値観

毎日をどんなマインドで過ごしている？　また過ごしたいと思っている？　幸せを感じるのはどんなとき？　孤独や苦しさをどうやって克服しようとしている？　人生の中で何を大切にしている？

「5年後の自分物語」のメモが完成したら、chapter1が完了するまで、物語は開かずに置いておきましょう。自分の経験や内面の探検が終わったときに再び物語を開きます。

次は、自分史の振り返りをはじめていきましょう。

2 自信の元は過去から探す

過去の整理は宝探し

さあいよいよ、本格的に自分を探検し掘り起こしていく宝探しの作業をはじめます。

過去の整理は、自分の未来を輝かせる作業です。

思い返したくないこと、見返したくないこと、蓋をしたまま放置しておきたいこと……そんな記憶もあるかもしれませんが、**ひとつひとつはがしていくことで、思いもよらない宝**（**自信の元**）**が見つかるかもしれません。**

過去を掘り起こしていく作業も、私の講義では必ず行うワークです。最初は「そこまで丁寧に振り返る必要あるの？」と皆、半信半疑です。でも最後には誰もが、そこに自分の宝物を見つけ、このワークの重要性を理解してくれます。

実際に私の講義を受けた受講者からのリアクションペーパーを引用しましょう。大学受験のときに私の講義を受け、その後、社会人3年目でもう一度受講した男性です。

「社会人になり、何人かの部下もでき、責任をもたなければいけない立場になってから改めてこの講座を受け、自分のミッションをやっと見つけた感じです。正直、明日からの自分が楽しみで仕方がありません。（中略）高校時代に講義をはじめて受けた時は、自分の経験をそこまで掘り下げる必要があるのか？　と思ったりしました。が、自分の強みを心底理解するには、自分の中に眠っているものを整理していくことが最短の方法ということがやってみてはじめてわかりました。自分のドラマは自分にしかないもので、他にはない物語。そこに誇りを持つことが大切だということに気づくことができました。先生の『ドラマを作れ！』という言葉がとてもとても響きました！」

どんな経験にも、どんな思いにも、価値はあるのだと考えましょう。逃げずに、自分に愛情を持って、可能性を探していこうとする前向きな気持ちが成功のコツです。

さあ、それではじめていきましょう。

①学生時代の「自分の心」を書き出す

まず、過ごしてきた学生時代の自分の心を思い返してみてください。

小学生時代、中学生時代、高校生時代、そして大学生時代……。ものごころついた頃から社会人になるまでの期間です。あなたはどんな性格で、どんなマインドや感性を持っていたでしょう。自由に思い出してキーワードをノートにメモしていきましょう。

小学生から時系列順に思い出すもよし、大学生時代から遡っていくもよし。次の質問を参考にしながら自分を分析して、どんどん記録していってください。42ページからのノートサンプルもご参照ください。

性格について

- 人からどんな性格だと言われていましたか？
- 性格で褒められるのはどんなところでしたか？
- 逆に注意されがちな性格はどんなところでしたか？
- そう思われた理由は、あなたのどんな行動があったからでしょう？　またそのような行動が生まれる理由は何でしょう?
●学生時代の自分の性格に影響した事柄・経験は何でしょう?

感じたことについて
●どんなときにワクワクしたり、楽しい思いでいられましたか?
●理由は何だと思いますか?
●逆に気持ちが落ち込むときはどんなときだったでしょう?
●落ち込む理由、きっかけは何でしょう?
●辛いときや苦しいとき、どんなふうに気持ちをコントロールしていましたか?
●未来を楽しみにする気持ちを持てるほうでしたか? それとも悲観的でしたか?
●その傾向になっていた理由は何でしょう?
●自分の感性の中で他の人よりも豊かだと思うところ(鋭い、敏感など)はどこでしょう?

『選ばれる人になる』

感じたことについて

◎どんな時にワクワクしたり楽しかったか？

勉強や部活、ゲームなど、立てた目標以上の結果がでた時
友人が増え行動範囲が広がった時
新しいことにチャレンジした時

◎気持ちが落ち込んだのはどんな時だったか？

自分が原因でチームが負けた時　結果が出なかった時
両親と喧嘩した時
テストの結果が悪かった時

◎落ち込む理由

練習量からうまくいくと信じていた
やろうと思っていたことを反対された
徹夜で勉強して挑んだのに点数が思うように上がらなかった

◎辛い時、苦しい時どのように気持ちをコントロールしていたか？

次に繰り返さないようにひたすら練習した
日記を書いて気持ちを落ち着かせた
友人にひたすら相談していた

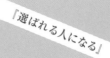

WORK 01

学生時代の「自分の心」を書き出す・ノート記入例

性格について

◎人からどんな人（性格）だと言われていたか？

明るい　物怖じしない　おっとりしている　天然
積極的　話しやすい人

◎性格でよく褒められるのはどんなところだったか？

何でも挑戦する　少しのことでめげない　約束を守る
優しい　素直

◎そう思われたのは、どんな行動が原因だと思うか？ またその行動が生まれる理由は？

小さい頃から大家族で育っていたのでいろいろな世代と関わってきたから
内部進学だったので受験以外のさまざまなことにチャレンジできたため

◎学生時代に自分の性格に影響した事柄・経験は何でしょうか？

生徒会の役員　部活での部長経験　中高一貫の女子校の環境
友人との関わりや遊び
家族で毎年行っていた旅行　6歳から続けているお稽古

②学生時代に「自分に起こったこと」を書き出す

次に、学生時代に起こったこと、経験したことを書き出していきましょう。

ここでも紹介していく質問を元に、それぞれの時代ごとに、良かったことから苦い経験まで、自分の記憶や印象に残っていることをなるべくたくさん書き出していきます。前項のマインドの原因を作った出来事も多いかもしれません。

出来事のメモの横に、その要因になった自分の性格や環境、またその出来事の前後で起きた自分の変化なども書き添えておきましょう。

自分の経験をベースに、その経験へつながった自分の特徴（性格、思考、行動についての長所や短所）、それを通じて起きた自分の変化を掘り起こしていくのです。

少し時間がかかるかもしれませんが、自分を知るキーワードをなるべくたくさん見つけましょう。46ページからのノート記入例もご参照ください。

- 褒められたこと
- うれしかったこと
- 人を喜ばせたこと

- 役に立てたと思えること
- 人に感謝されたこと
- 達成感を得られたこと
- 人に頼られたこと
- 自信を持ってできたこと
- 自信を失ったこと
- プライドが満足したこと
- プライドが傷ついたこと
- 辛かった経験
- 孤独だった経験
- 何かを乗り越えた経験

すべて書き出した後、もう一度見返して、自分作りにとても大きな出来事だったと思うことにマークをつけておきましょう。

『選ばれる人になる』

◎辛かった経験

部活での毎日のハードな練習　大きな怪我からのリハビリ
祖父、祖母が亡くなった

◎自信を失った経験

親友が第一志望に合格をして自分は落ちてしまった時
大学で多様な人と触れ自分が小さく感じてしまった時
恋人にフラれた時

◎試練だと思った経験

もう一年浪人をすることになったこと
金欠でどうしようもなくなった時
次の最後の大会でレギュラーになれるかがかかった時

◎孤独だった経験

引越しをして友人が一人もいなかった時
親が入院して家で一人だった時
受験勉強をしている時

◎後悔していること

もっとたくさんの事にチャレンジすればよかった
いろいろなタイプの友人と交流を深めればよかった
学生のうちにもっと旅行をすればよかった

◎何かを乗り越えた経験、そこで得たこと

浪人したことで継続力と忍耐力、有効な時間の使い方を身につけることができた
怪我でスポーツができなかったことで回復してから身体の使い方に工夫をするようになった
友人と喧嘩して絶縁してしまったことで、人とのコミュニケーションの取り方に注意を払うことができるようになった

WORK 02 学生時代に「自分に起こったこと」を書き出す・ノート記入例

◎うれしかったこと、楽しかったこと

学校の成績が上がった　恋人ができた　受験に合格した

◎褒められたこと

臆せずチャレンジすること　嘘をつかないところ　歌がうまい
料理がうまい

◎自信を持ってできたこと

運動　歌　ダンス　英会話　あまりない

◎達成感を得られた経験

文化祭での最後のダンス発表　野球部での夏の県大会
受験が終わった時

◎誰かの役に立てた経験・感謝された経験

低学年の生徒に勉強を教えた　生徒会の役目を引き受けた　拾った財布を届けてお礼を言われた

◎未来の自分につながったと思う経験

浪人して１年間勉強をし直した　中高の部活で人間関係を学んだ　海外留学でのホームステイ

③社会に出てからの「自分の心」を書き出す

学生時代の振り返りが完了したら、次に社会に出てからの「自分の心」を見つめていきます。

社会人のあなたは、どんな性格で、どんなマインドや感性で仕事をしてきたでしょう。友達や家族だけでなく、職場や取引先や、趣味や地域のコミュニティなど交流の場のバリエーションが増え、それによって性格や感性はどう変化していったでしょう？　50ページからのノート記入例も参考にしてみてください。

性格について

● 人からどんな性格だと言われますか？　学生時代とはどう違いますか？　その理由は何でしょう？

● 性格で褒められるのはどんなところですか？　学生時代との違いや、その理由を探ってみてください

● 職場や、そのほかの属している共同体の中で、あなたはどんなキャラクターと思われているでしょう？　そう思われる理由は自分自身のどんなマインドにあると

思いますか？

●他の人よりも強い個性として表れている点があったとしたらどんな部分でしょうか？　良い部分、悪い部分両方の視点で捉えてみてください

●そのようなキャラクターが生まれる原因は何だったのでしょう？

感じたことについて

●どんなときにワクワクしたり、楽しい思いでいられますか？

●その理由は何だと思いますか？　何に価値を見出して気分が上がっているでしょう？

●逆に気持ちが落ち込むときはどんなときでしょう？

●落ち込む理由、きっかけは何でしょう？　不安を引き起こす源は何でしょう？

●辛いときや苦しいとき、どんなふうに気持ちをコントロールしていますか？

●自分の感性の中で他の人よりも鋭いところはどこでしょう？　逆に鈍感な点は？

●未来を楽しみにする気持ちを持てるほうですか？　それとも悲観的ですか？

●その傾向になっていた理由は何でしょう？

感じたことについて

◎今、どんな時にワクワクしたり楽しいか？

仕事で上手くいった時　上司に褒められた時　プレゼンが上手くいった　仲間と創作をしている時
大好きな物を食べているとき　子供が幸せな顔をしている時
友人と過ごす時間　恋人と過ごしているとき

◎気持ちが落ち込むのはどんな時？

友人や同期の昇格
営業で上手く行かない

◎辛い時、苦しい時どのように気持ちをコントロールしているか？

人に悩みを話す　スキルを磨く
同じ悩みを持った人と分かち合う

◎自分の感性の特徴は？　鋭い点　鈍い点

鋭い：人の目が気になる　空気が読める
一歩先のことを考えて行動できる
鈍い：人の気持ちがわからない
相手が何を望んでいるのかがわからない

◎自分の未来に対してワクワクするか？　それとも悲観的か？

ワクワクするところ：仕事が楽しいので自分の次のステップが楽しみ
悲観的なところ：このままで良いのだろうか。今のままで歳を重ねてしまうのが不安

◎その理由は？

仕事仲間がポジティブで未来の話をよくしている
好きではじめた仕事ではないので時々辛くなる

WORK 03 社会に出てからの「自分の心」を書き出す・ノート記入例

性格について

◎人からどんな人（性格・キャラクター）だと言われているか？

気が強い　落ち込まない　ユニーク　曲がったことが嫌い
素直　責任ある人　謙虚　癒し系　ゆるキャラ　不器用

◎性格でよく褒められるのはどんなところか？

約束を守る　まわりに配慮がある
丁寧な対応ができる

◎学生時代と社会に出てから変化したこと

すぐに怒らなくなった
何か行動する時に少し考えるようになった
苦手なこともやるようになった
まわりの意見を気にするようになった

◎その変化の理由

さまざまな立場や環境での責任がある
自分一人でできることが少ない事に気づいたから
ノルマや数字により競争心が芽生えた

◎他の人よりも強く表れている個性があるとしたらそれは何？

成果に執拗にこだわるところ
人と同じことをするのが嫌い
なぜかリーダーシップを取ろうとしてしまう

◎その個性が生まれた原因

部活や受験でとにかく頑張った経験が多かったため
長男なので小さい頃から弟妹の面倒を見てきたから

学生時代の自分はがしメモとは、少し様子が変わっているかもしれませんね。

その変化をもたらした理由も書き添えてみてください。家族や職場などの環境の変化、自分の中の意識や価値観の変化、新たな欲望や諦め、葛藤など。良い方向へ変化しているところも、自分の可能性が狭まっているかもしれない変化もすべて見つめていきます。

④社会に出てから「自分に起こったこと」を書き出す

次は社会人になって経験した出来事や起こったことを書き出します。

仕事関係のこと、恋愛・結婚、出産・子育てなどさまざまな出来事があると思いますが、ここでは「どんなものに選ばれたいか?」という視点で、書き出してみてください。仕事や社会参画の面で「選ばれる自分になりたい」と思うのであれば、仕事やライフスタイルに関する出来事を中心に。恋愛や結婚、人間関係の面で選ばれる自分になりたいと思うのであれば近しい人間関係の中での出来事を中心に。

- 自信を持てたこと、挫折したこと
- プライドが満たされたこと、屈辱的だったこと
- 社会貢献できたこと、人に迷惑をかけてしまったこと
- 誰かの役に立てたこと、役に立ちたいと切望したこと
- 人に感謝されたこと、非難されたこと
- 愛に満たされたこと、孤独に苛まれたこと
- うれしい経験、楽しい経験
- 辛い経験、苦しい経験
- 運命的だと思った出来事、ラッキーだったこと、アンラッキーだったこと
- 絶望したこと、小さな希望を見出したこと
- 何かを乗り越えた経験、乗り越えたことで得たこと

ここでも、その経験や出来事の前後で自分に起こった内面の変化や、そう感じた自分の感受性や思考の特徴をメモに書き添えてみてください。

『選ばれる人になる』

◎辛い、苦しい経験

さまざまな技術が不足していることから仕事の幅が狭いと感じていたこと
新しいビジネスがなかなか実現できない

◎プライドが傷ついたこと

後輩の前で注意されたこと　自分を認めてもらえなかったこと

◎人に迷惑をかけてしまったこと

自分のスキル不足でチームに迷惑をかけてしまっている時

◎孤独だったこと

誰にも仕事を教えてもらえないとき
辛い気持ちを誰にも相談できない

◎後悔していること

思い切って転職すればよかった
もっと早くに学んでおけばよかった

◎何かを乗り越えた経験、そこで得たこと

営業ですごいクレームにあった。そのことでお客様の気持ちになって考えられるようになり丁寧な接客を行うようになった
スキル不足から仕事の幅が狭くなり、思い切って資格を取得したことで起業できるほどに成長した

WORK 04

社会に出てから「自分に起こったこと」を書き出す・ノート記入例

◎自信を持てた経験

営業成績で結果を残せた　子育てしながら仕事をした
新しい分野の仕事で成果が出た
チームリーダーとして認められた　会社が上場した

◎誰かの役に立てた経験・感謝された経験

率先してチームをまとめ、熱心な後輩指導の結果、全員のスキルが向上した
友人の悩み相談にのり、解決に導いてあげた
病気の家族のサポート

◎新しいチャレンジ・経験などから得たこと

資格を取ったことで新しい分野の仕事をすることができた
子育てをすることで子供の教育に興味を持った
結婚をしたことで夫婦関係に悩む人の力になりたいと思った

◎運命的だなと思ったこと

今の仕事に出会ったこと　社会に出てから得た人脈
自分の好きなことを仕事にしている

◎今、自信をもってできること

自分の会社の商品を分かりやすく説明できる
悩んでいる人を励ますことができる
楽しく子育てをする

⑤ハードだと感じた時期を振り返る

次に振り返るのは、自分の人生の中でとくに辛かったことや苦しんだ経験です。

実は、このハードだと感じた時期に経験したことや考えたことが、その人のもっとも大きな宝になっているケースがとても多いのです。

どんな小さなことでも構わないので、辛かったこと、悩んだこと、失敗や挫折、不安や孤独、心が傷ついたことなどを振り返ってみてください。

辛い経験なんて思い出したくない人もいるかもしれませんが、その経験について、可能な範囲で深く丁寧に観察してみていただきたいと思います。

以下の質問をヒントに、振り返る中で心に浮かんだ言葉をどんどん書き留めていってください。58ページからのノート記入例もご参照ください。

- どんなことが起きたのか
- その経験の中での気持ちの変化
- その経験の中で見えた自分の弱点や強みかもしれないと思った点
- 克服できたと思えることや身についたこと

- その経験があったからこそ見えたもの
- そのハードだと感じた時期に周囲にどんな影響を与えたか
- また、その時期に周囲に対してできなかったこと
- その時期の自分に贈りたい言葉
- その時期の自分がどうだったら事態はもっと好転していたか
- その後の自分の思考や行動の変化

また、もし可能であれば、その経験を知る第三者からのコメントをもらうのも自分発見に役立ちます。

- そのときの私は、どんなふうに弱く、どんなふうに強かったか？
- そのとき周囲は私にどのようなことを期待していたか、私はそれに応えられていたか？
- その経験の後に私はどう変わったと思うか？

◎周囲に及ぼした影響、周囲に対してできなかったこと

リーダーとしてチームを客観的に見ることができなかった
自分に余裕がなく、適切な指示出しや判断ができなかった
まわりは大変そうな私を心配していたが、どう動けばいいかわからなかったそうだ(後から聞いた話)

◎その経験で見えたこと

チームをまとめ仕事を達成していくには、さまざまな状況を予測し分析する時間と心のゆとりが必要

◎その時期自分がどうしていれば事態は好転したか

あらかじめ状況をメンバーに共有し、業務サポートを頼める体制を作る
母の看護をする休暇日と仕事に専念する日を明確に分けた上でチームにもスケジュールを周知する

◎その後の自分の思考や行動の変化

仕事のスケジュール立てについて計画的に考えるようになった
自分の仕事のキャパシティを部署内に積極的に知らせるようになったし、他メンバーの状況についてもこちらから積極的に声をかけて情報収集するようになった

WORK 05 ハードだと感じた時期を振り返る（自分を成長させた時期を振り返る）・ノート記入例

◎どんなことが起きたのか

初めてリーダーとして新プロジェクトが始動したタイミングで、一人暮らしの実家の母が手術入院することになった
仕事と母の看護を一人で抱え込みながら、プロジェクトを進行させたが、キャパオーバーで苦しむ
３ヶ月後、プロジェクトはうまく進まず、チーム編成を組み直した上で再スタートすることを会社が決定
私はプロジェクトからはずれることになった

◎その時期の気持ちの変化

最初は母の看護に専念しようかとも思ったが、この先の自分の仕事を考えるとどうしても諦めきれなかった
考えることが多すぎて良い判断やコミュニケーションができず、それによってさらに焦っていった

◎経験の中で見えた自分の弱点

冷静に先を予測していく力が足りない
「なんとかなるだろう」
自分の力を過信しすぎる傾向
人にヘルプやサポートを依頼するのが苦手

ネガティブな経験の中には、その人の〝自信の元〟になる強みが隠れていることが多いのです。ハードな経験は自分の弱点ばかりが気になって、この強みを見逃しがちですが、キラキラ輝く可能性のかけらは、ハードな経験の中でこそ生まれるもの。繰り返しますが、私が行ってきたたくさんの受講者セッションでも、このハードな時期の振り返りの中に自分の強みを発見するケースがとても多いのです。

就活のために私の講義を受講した大学生のリアクションペーパーから紹介します。

「自分が今までしてきた体験は思い返したらとても辛いことの連続でしたが、ふたをしてしまうのではなく乗り越えた先の自分を見ることで、何だか自分って結構凄いじゃん！　と思えるようになりました。（中略）今までは、こう見せなきゃ、と思うばかりで、自分らしさを失っていて、うまくいかないことの連続でした。『ああ今日も何を聞かれるのだろう』と憂鬱な日々を送っていて、自分を受け入れてくれるところならどこでもいいという自暴自棄な気分にすらなっていました。でも講座を受けたことで、本当に自分の事が好きになれました！　すぐにでも面接を受けたい気分になっています」

自分が乗り越えた経験を、時間をかけて丁寧に掘り起こして、埋もれたダイヤモンドの原石を見つけましょう。

⑥長く続けていることを書き出す

自分史を振り返る最後のテーマは、長く続けていることについて。

あなたが長く続けていること、なぜかやめられないことは何でしょう？　実際に行動し続けていることでもいいですし、思い続けていることや、気になり続けていることでもいいのです。

自分の中にあり続ける事柄の裏には、「自分に合っている」「自分の力を発揮しやすい」「興味を継続できる」「人よりも秀でている」などのポジティブな要素が隠れています。続けていることって自分では当たり前のことになっているので、なかなか浮かばないかもしれませんが、次のような事柄で思い当たることはありませんか？

●習い事、趣味、スポーツなどの自分磨き行動

- 俳優や歌手などの著名人、スポーツやカルチャー団体などの応援
- ペットを飼うことや世話をすること
- インスタやブログなどでの発信
- 料理や食べ歩きなどの食関連
- 節約や効率的な掃除などの家庭経営
- 裁縫や工芸などのものづくり
- 服や小物などのファッションウォッチや買い物
- 毎日のメイク研究やスキンケア
- 友達との定期会やご近所さんとの交流
- 何かのファンであり続けている
- 仕事への興味を持ち続けている
- ボランティア活動

そしてその続けていることに、続けている理由、興味・関心を持ち続ける理由を書き添えてみてください。実はその中に他の人にはない、あなたの強みが潜んでいます。

⑦ライフタイムチャートを作ってみる

さあ、いよいよ「過去から現在までの自分整理」の最終コーナーです。

今までに書き留めた膨大なメモをもう一度振り返ってみましょう。そして、とくに自分にとって重要だったり、印象的だったりする部分をマークしておきましょう。

そしてこのワークの最終仕上げとしてライフタイムチャートを作ってみましょう。

ライフタイムチャート作りとは、今までの自分の人生の充実度をグラフ化する作業です。横軸に小学生時代から今までの時間を置き、縦軸に充実感や幸福度を置いたチャートをノートに書いてください。

そこに、学生時代から始まり、社会人としての今までのキャリアを含む期間、自分のマインドの充実度を思い出しながら曲線を描いていきます。どんなふうに上がったり下がったりしているでしょう？　そして、今は、高みにいるでしょうか？　それとも下り切った位置でしょうか？

とくにチェックすべきなのは、以下の４点です。

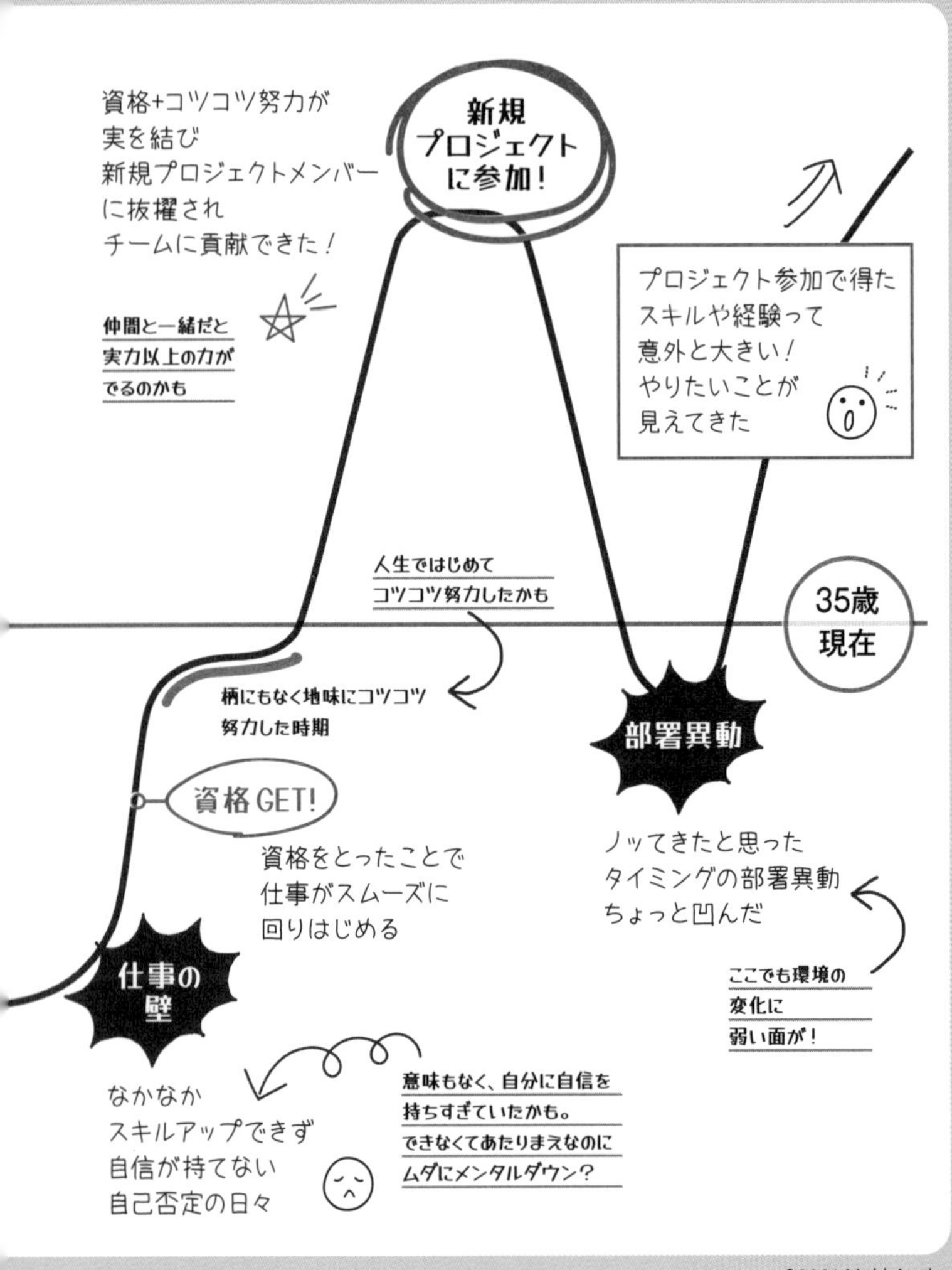
資格+コツコツ努力が
実を結び
新規プロジェクトメンバー
に抜擢され
チームに貢献できた！
新規
プロジェクト
に参加！
仲間と一緒だと
実力以上の力が
でるのかも
プロジェクト参加で得た
スキルや経験って
意外と大きい！
やりたいことが
見えてきた
人生ではじめて
コツコツ努力したかも
35歳
現在
柄にもなく地味にコツコツ
努力した時期
部署異動
資格GET!
資格をとったことで
仕事がスムーズに
回りはじめる
ノッてきたと思った
タイミングの部署異動
ちょっと凹んだ
ここでも環境の
変化に
弱い面が！
仕事の
壁
なかなか
スキルアップできず
自信が持てない
自己否定の日々
意味もなく、自分に自信を
持ちすぎていたかも。
できなくてあたりまえなのに
ムダにメンタルダウン？

WORK 06

ライフタイムチャート作成・ノート記入例

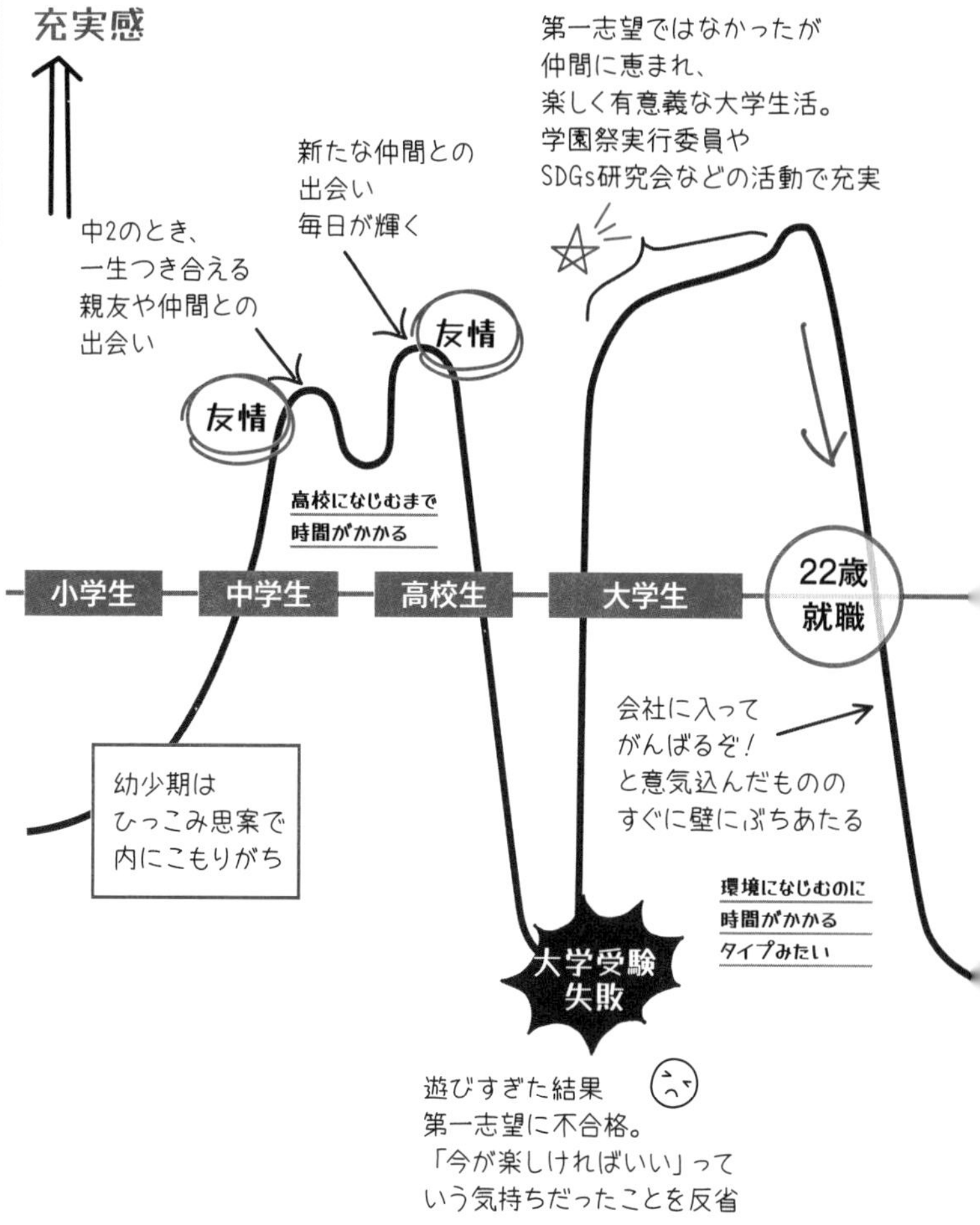
充実感
中2のとき、
一生つき合える
親友や仲間との
出会い
新たな仲間との
出会い
毎日が輝く
友情
友情
高校になじむまで
時間がかかる
第一志望ではなかったが
仲間に恵まれ、
楽しく有意義な大学生活。
学園祭実行委員や
SDGs研究会などの活動で充実
小学生
中学生
高校生
大学生
22歳
就職
幼少期は
ひっこみ思案で
内にこもりがち
会社に入って
がんばるぞ！
と意気込んだものの
すぐに壁にぶちあたる
環境になじむのに
時間がかかる
タイプみたい
大学受験
失敗
遊びすぎた結果
第一志望に不合格。
「今が楽しければいい」って
いう気持ちだったことを反省

①充実度が上がり切った時期
②充実度が下がり切った時期
③上がりに転じた時、下がりに転じた時
④急激に上がっていった時期、下がっていった時期

そのとき何が起こったのでしょう?

●起こった出来事
●自分の中の変化と周囲の変化
●自分の気持ちや行動したこと
●活かした強みやオリジナリティ
●露呈した弱み

などを書き添えていきましょう。
自分の成長や、自分の強みや弱点、自分らしさを客観的に観察できるのがこのライ

フタイムチャート作りです（ネット上にいろいろなツールも存在しているのでそれを活用するのもいいでしょう）。

どんな状況や要因があるとき、自分は力を発揮しやすいのか、また逆にペースダウンしてしまうのか。グラフを作りながら分析できます。必要であればグラフを書き直していきながら、なるべくリアルな自分の変化に近づけていきます。

3 強みを出しやすい環境を知る

その人の強みはポジティブゾーンで活性化する

ここからは過去を振り返るのはひと休みして、今の自分を見ていきます。まずは自分のポジティブゾーンを知るためのワークです。

1日の終わりにその日を振り返って楽しかったことやうれしかったことを簡単にメモしていく30日日記です。ワクワクする気持ちや心が明るくなったり、あたたかくなる感じ、満たされていると感じることなどを記録していきましょう。どんなことに対して気持ちがポジティブになったのかを記録しておきます。これを30日間続けていきましょう。

対象はなんでもいいのです。映画や小説から感じた心の動き、好きな人との時間や食べ物、旅などの体験から感じたことでも大丈夫。その日の過ごし方や、誰かにもらった言葉や、表情、しぐさがきっかけになるかもしれません。不意に出会った景色やシーン、遭遇したシチュエーション、ファッションコーディネートや香水の香りでとても幸せな気持ちになることもあるでしょう。

ポジティブゾーンの記録は、どんな状況に自分を置けばベストパフォーマンスが出せるのかを知るための作業です。自分自身が、前向きだったり、明るい気持ちでいることは、自分の強みを発揮し、パワーアップしていくためにとても重要です。自信を持って行動できる人になるためには、ポジティブなマインドセットでいるよう努力する必要があります。

自分の機嫌は自分でとる

30日の記録をつけたら、ノートを見返してみましょう。そこは、あなたの気分を上げてくれるもので満たされていますね。自覚していたこともたくさんあると思いますが、自分でも気づかなかったものも発見できたのではないでしょうか。ここは丁寧に振り返ってみましょう。

ノートには、自分のパワーを最大限に発揮するためのヒントや自分の気持ちを前向きにするヒントがたくさんつまっているはずです。

自分の気持ちを前向きな状態で安定させられれば、自分を取り巻く社会にも良い影響をつないでいけます。自分のパフォーマンスを最大限に発揮して、周囲へも良い連鎖をつないでいく。「頼られる人」「選ばれる人」になっていく自己発見の作業です。

ポジティブを測る基準

ちなみに、どんな心の動きがその人にとってよりポジティブに働くものなのかの基準を紹介します。

ポジティブゾーンの気持ちのキーワードは、

愛・確信・喜び・感謝・幸せ・情熱・満足・希望

といったものです。目安として、上にあるキーワードほど、心へのポジティブ作用が高いと言われます。

愛や確信（＝不安が少ない状態）、喜びや感謝を持てたときほど心は満足し幸せを感じるんですね。ただ、感じ方は人それぞれなので、あくまでも自分の感覚を軸にした観察記録でももちろん大丈夫です！

4 逆境に強い自分を作る

その日のネガティブはその日に解決

67ページの3で自分のポジティブゾーンを知る記録についてお話ししましたが、ここではその反対のネガティブゾーンを知るための作業について紹介します。

やりかたはポジティブゾーンと同じです。その日経験した、イヤな思い、不満や不安、悔しさや怒り、自己否定の感情などネガティブな気持ちを30日間、記録していくのです。

この記録も1日の終わりにやることをおすすめします。1日を振り返って、ネガティブな気持ちになったことをメモするのです。

起こった状況、起こった理由と自分の気持ちの動き、それはすぐに解決や回復をしたのか、それともまだしこりが残っている状況なのか。

書き出すことで、なぜそんな気持ちになるのか原因を見つめましょう。落ち込む理由を突き詰めていくと、意外と小さな悩みだな、と思えることも。突き詰めた結果、最後まで残った原因について「ま、いっか。仕方ない」と思えたらそのネガティブな気持ちは消えたも同然です。

この記録は、ネガティブな気持ちをその日のうちになるべく小さくすること、できれば消してしまうことが目的のひとつです。

ネガティブを測る基準

不思議なことに、そして不幸なことに、人間というのはポジティブな出来事よりもネガティブな出来事に対する感度が高いように思います。なので1日を振り返って記録していくのはそう難しくないかもしれません。

ちなみにネガティブゾーンの気持ちのキーワードは、

イライラ・不平不満・不安・怒り・罪悪感・恐れ・無気力・絶望感

といったものがあります。

目安として、下へ行くほどネガティブ度が高く回復に時間がかかると言われています。

自分がどれだけダメージを受けているか、なんとなくつかめそうですね。イライラしたり、不満がたまったりしている状況は、気力や希望がまったくなくなってしまった状態よりはまだ救いがある、とも解釈できます。自分のネガティブを冷静に判断する材料にしてもらえれば、と思います。

否定的な気持ちを手放すコツ

ネガティブゾーンを記録していく目的は、自分がネガティブに感じてしまうことやその状況の傾向を知ること。そして、もうひとつが、悩みを小さくしていったり、手放していくコツをつかむことです。お伝えしたようにメモしたその日のネガティブを振り返って、なぜそんなに否定的な気持ちになるのか理由を考えてみてください。考えすぎていないか、悲観しすぎていないか、他人の視線や体面を気にしすぎていないか。

それでも、最後までネガティブのしつこい理由が残ったら、今度はそれを乗り越える方法を考えてみましょう。頑張るヒントになりうる経験ではないか、意外と単純なことで1アクションすれば事態は変わっていくのではないか。そのきっかけになった相手を変えるというより、自分自身の考え方や行動が変わることで状況が変わってくるのではないか、という視点で。

自分のネガティブゾーンを記録していくことで、悩みを手放すコツや、現状を捉え直すワザを習得していくのです。

ネガティブな気持ちは、ともすると自分の価値をも否定する気持ちへ膨らんでいきがちです。そうなると自分の強みを活かすこともできません。自信を育てて、自分の強みを輝かせるために、ネガティブをコントロールできる訓練をしていきましょう。

5 他人を眺めるように自分を見つめる

メモや記録で自分観察

自分のこれまでの経験を細かく振り返る作業と、心の動きをポジティブ・ネガティブ両方で記録していく作業を紹介しました。この時点で、用意したノートにはたくさんの発見が記録されていると思います。それは自分の強みやオリジナリティを見つける宝の地図のようなものです。

この段階で少し、地図を解読する時間を持ちましょう。メモや記録を読み返して、新たなヒントを探します。まるで、自分ではない他人の人生記録を見るように客観的に読んでいきましょう。自分がカウンセラーになったかのように、そのノートの持ち主をエンパワーメントするような気持ちで。

私が行ってきたたくさんのカウンセリングや講義の経験から痛感するのですが、自分のことは自分が一番わかっていないことが本当に多いのです。客観的な目でノートを読み返すことで、今まで見えていなかった自分のキャラクターや強み、弱点、オリジナリティがイメージできると思います。

自分の強みを書き出す作業

ノートを読み返して、気になったことや発見したことを書き出していきましょう。

あまり確信が持てない仮説であっても大丈夫です。「これかな」と思ったことは一旦すべて書き出してリスト化していきます。

- 前進するときに根底にあるパワーは何か？
- 自分が持っている、人を喜ばせることのできる力はどんなものか？
- 幸せだと感じることができて、かつ他人をも幸せにできるスキルは何か？
- どんなときでも安定して持っていられる長所はどんなものか？
- 自分が持っている、社会に役立つスキルはどんなものか？

ノートに書かれた自分の物語を読解しながら、そこに強みを探し、リストにしたら、今度はそのリストからとくに「自分らしいと思うもの」、また「継続できそうなもの」を最終的に3つ～5つくらいを目安に絞り込んでいきます。

決め手はオリジナリティと持続性

自分が持ついろいろな長所や強みを見極める中で、「自分ならではの要素」と「継続できそうな要素」というのはとても重要なものです。自分にしかないオリジナリティは大きな強みになりますし、自信のよりどころになってくれます。また、どんなときでも発揮できる長所は大きな信頼感につながります。

自分のコアになる強みを定めるときは、このオリジナリティと持続性・安定性を意識してください。

また、強みを絞り込んだものの、「まだまだ弱くて強みではないかもしれない」と弱気になる人もいるかと思います。でも大丈夫！ それがたとえ、強みの卵であっても、大きく育てていけばいいのです。chapter2や3では、そのコアになる強みを輝かせるための方法を紹介していきます。

⑥ 役に立たなそうな個性に注目する

自分のキャラを肉付けする

自分の中心になる強み（もしくは強みの卵）を絞り込んだら、そのまわりに自分のキャラを肉付けしていく作業をしましょう。

選び出した強み以外にも、今までのワークで発見したものの中には、自分らしい可能性や個性がたくさん残っていると思います。それをもう一度振り返っていくのです。

強みにはならないかもしれないけれど、「この自分らしさ、大切にしたい」と思うことはありませんか？

例えば「お祭りみたいにみんなで盛り上がるのが大好き」「手紙で気持ちを伝えるのが好きだし得意」「子どもを支援するボランティアに大きな興味がある」「ハワイ旅行に行けるならモチベーションは上がりっぱなしなハワイフリーク」「鉄オタだ」……。

ストレートに社会で役に立ち自分を輝かせる要素にはならないかもしれないけれど、「自分らしい」「自分ならでは」と思える要素はその人の大切な個性です。コアになる強みのまわりに、そんな自分のオリジナル要素をちりばめて上手に自己表現していきましょう。

ノートのページの中央にコアになる強みを書き入れ、そのまわりにあなたというキャラを彩るオリジナリティ要素を書き込んでいってください。やり方次第で社会や他者の役に立てそうなことは大きな文字で、自己満足に終わってしまいそうなものは少し小さい文字で。

自分の強みやオリジナリティを表すマップができあがります。

選ばれる人は利他の視点を忘れない

自分の中の強みを掘り起こし絞り込むときも、コアになる強みを軸に自分のマップを作るときも、必ず頭に置いておいてほしいことがあります。

それは、ソーシャルグッドな視点を忘れない、ということ。

これからの時代、社会や他者から選ばれるのは、人とのつながり、社会への良い影響を意識した上で思考し行動できる人です。自分を満たすことだけを目的に動く人ではありません。

個性を輝かせて、仲間や社会に選ばれる自分になっていきたいのであれば、常に人や社会のために役に立てるか？　という意識を持っていることが重要です。難しいことではありません。例えばこんなことを思い出してみてください。

- **今まで自分はどんなことで人に感謝されてきただろう？**
- **人と感動を分かち合ったのはどんな場だっただろう？**
- **自分が一番「力になりたい！」と思う他人の悩みや社会課題は何だろう？**

そこに思い浮かぶことに、自分の強みやオリジナリティを重ねてみると、ソーシャルグッドな視点が見えてくるはずです。

7 5年後の自分に向けた行程図を作る

5年後イメージに戻ってみよう

chapter 1のラストです。ここで改めて、最初に作った5年後イメージを開いてみましょう。

自分史を振り返り、自分の経験やマインドを詳しく分析し、今あなたは、自分のことが以前より明瞭に見えている状態です。

その目で5年後イメージを確認し、もしちょっと違うかな、と思ったら修正してみてください。自分の内面を探検し、ソーシャルグッドな視点を持つことの重要性も理解しているので、修正したいと思う人も多いと思います。それで全然問題ないです。成長していれば、変化は必ず起きてきます。

4マスシートで5年後への道筋を描いていく

改めて、5年後の私を設定したら、今の自分をスタート地点に置き、そこにたどり着く行程をイメージしていきましょう。強みを活かして、弱点を補強する努力をし、人や社会と連携しながら5年後を実現していくのです。

これもノートに図にしていきましょう。

ノートに縦軸・横軸で四分割した図を描きます。86〜87ページの記入例を見ながらイメージしてみてください。

まず、左上のマスに、「5年後イメージ」を、書き込みます。

次にその下のマスに、5年後イメージを達成するために今の時点での自分の弱点を書いていきます。考え方のクセや行動パターンなど、5年後イメージ達成に向けて克服したい自分のネガティブな要素を列挙します。「ネガティブゾーンを知る30日記録」で自分のネガティブに陥るパターンとそれを手放すコツは見えてきたと思います。ここで改めて自分のマインド的に克服すべきポイントを洗い出しておきましょう。

3つめは右上のマスです。ここに、自分の大きな強みになりそうなポイントをキーワードや文章で入れていきます。過去の困難から身につけた力や、得意としてきたこと、パワーが出るときのモチベーションなど、自分自身を振り返ることで見えてきているはずです。

最後は右下のマスです。ここには自分の強みやオリジナリティを最大限に活用するために考えられる方法を書き出していきます。5年後イメージに向けて自分の強みをどう活かしていけばいいか、という方法です。

例えば、発信力を高めるためのSNSをはじめる、自分の強みが生きるコミュニティに参加する、プレゼン資料やポートフォリオのセンスアップをする、より専門的な業務を行っている会社への転職活動をはじめる……といった感じです。話し方を変えたり、着る服で印象を変えるといったことを加えてもいいでしょう。

4マスのうち、この右下の項目出しが一番難しいかもしれません。ただ、ここですべて決定というわけではなく、変化していく自分や状況に合わせて見直しも必要です。ときどきアップデートしていくようにしましょう。

5年後のための1年後をイメージ

「5年後イメージ」への簡単な行程表ができました。

最初はぼんやりしていた5年後のゴールが、少し具体的に見えてきたのではないでしょうか？

では、今ある行程表を見ながら、それぞれのコースの「1年後の自分」をイメージしてみましょう。5年後のゴールをさまざまな努力や克服により強みを活かして達成していくそれぞれの行程は、具体的にどのようなものでしょうか？　1年後に自分はどうなっている必要がありそうですか？　5年後の自分を達成するために、最初の1年で何をクリアし、強化し、どんなアクションをするべきか？

それをイメージして、1年後の目標を書いておきましょう。

〝本当の自分〟に出会う自分はがしの冒険は、一旦ここまでになります。

自分の中の強み（もしくは強みの卵）や弱みの発見、自分らしさへの理解、またソーシャルグッドな意識やネガティブゾーンとの付き合いかたなど、選ばれる人になるための軸のようなものがみなさんの中に生まれていると思います。

次のｃｈａｐｔｅｒでは、掘り起こした強みに磨きをかけていく思考や行動について紹介していきます。

3. 自分の強み、経験から身につけた力

人間関係	学生時代はゼミ、アルバイトで積極的に人と関わっていた
仕　事	仕事が分からなくとも、ひるまず自分で学んできた
成　果	クレームを受けた経験から顧客の気持ちを理解する努力をはじめた
お　金	過去さまざまなアルバイトの経験で稼ぐ力には自信
プライベート	留学経験で言語の壁を打ち破って人脈を作った
その他	本来は負けず嫌い！　そして好奇心は強い！

4. 5年後に向けて強みや個性をどう活かすか

人間関係	好奇心を活かしいろいろなコミュニティに参加
仕　事	マーケティングや営業スキルを学ぶ。発信力を強化するために異業種交流会の世話人を引き受ける
成　果	顧客の問題解決につながる企画を提案していく
お　金	自分に投資するお金の使い道を考え、計画を立てる
プライベート	海外へ積極的に出かける
その他	毎月の自分自身のKPIを立ててチャレンジしていく。結果を見える化して闘志に火をつける

WORK 07 4マスシートにまとめる・ノート記入例

1. 5年後のなりたい姿

人間関係	自分のコミュニティサロンを持ち多くの人と交流している
仕　事	独立して起業、自分らしい仕事スタイルの構築
成　果	「あなたにお願いしたい」という顧客の定着
お　金	スキルアップや自分磨きのために使えるお金の余裕ができる
プライベート	時間を自由に使える。趣味や旅行を思い切り楽しむ
その他	人に優しくなる。「できない」と言わなくなる

2. 5年後に向けて克服したい自分の弱点

人間関係	さまざまなジャンルの人とのつきあいが乏しい
仕　事	スキル不足から仕事の幅が広がらない。発信力が弱い
成　果	どんな成果を出したいのかが不明瞭。うまく行けばラッキー
お　金	自分の学びに投資していない
プライベート	時間に追われている。足元のこと以外考える余裕がない
その他	自分のことで頭がいっぱい。諦めるクセがついている

chapter 2

思考と行動編

『小さな強みを大きな自信に育てる』

chapter2では、自分の強みを磨いていく思考や行動のしかたをマスターしていきます。強みを育て、影響力や巻き込み力を上げていくための考えかたや行動のしかたです。

今みなさんは、chapter1を終えて、自分の軸になる強みや、自分らしさを作るオリジナリティへの理解を深めた状態です。

以前のように、自分の持っているものを丁寧に見つめることもしないで、「私なんて」と思っていた状態とは違います。今までの自分を丁寧に振り返り、気づかなかった魅力の原石や弱点を掘り起こし、ひとつひとつ観察し、自信の元となる強み（もしくは強みの卵）を手に入れているのです。これからは、その小さな可能性を大きく育て、研ぎ澄まし輝かせる方法を学ぶ必要があります。

自分の強みをより強固なものにしていくためには、刺激を与えることが必要です。このchapter2では、良い刺激を得るための、考え方や行動のしかたについて紹介していきます。これを実践していくためには、自分のマインドセットを変えていく必要があるかもしれません。考え方や行動パターンは長年の経験によって、どうしてもある程度固定されてしまうものだからです。ｃｈａｐｔｅｒ１で、思い込んでいる自分をはがして本当の自分を見つけていったように、ここでも先入観から一度離れて読み進めていってほしいのです。

これから紹介していくメソッドの中に、「そんな捉え方、今までしてなかった」「こんな努力のしかたが本当に必要なの？」と思うものもあるかもしれません。**経験したことがないからこそ、そこに変化や成長がある**と考えてください。人間は感性豊かな存在です。ちょっとした刺激で驚くほど変わっていくのです。

経験したことや考えたこと、感じたことによって、強みは輝きを増していきます。あるいは、また別の価値あるものに進化したり、拡大していく可能性もあります。今、手にしている自信の元を、大きく成長させて、ゴールを実現する翼に変えていきましょう。

1 経験していないことは強みにならない

強みを大きくするための付加価値を探す活動＝「フカカチ活」

強みを大きくしていくために必要なのは、なんといっても経験です。経験によって、強みは少しずつ大きく豊かになり、輝きを増していくのです。自分の強みを自覚したけれど、それを使いもせずにほったらかしにしておいては、強みは成長するどころか錆《さ》びついたり、時代遅れのものになってしまうかもしれません。

仕事でも趣味でも、社会活動でも、自分のアンテナに引っかかったことには、積極的に参加・体験してみてください（もちろん、倫理や人道にもとるものでないことに限って、です）。自分のアンテナにひっかかったものは、自分の持っている小さな強みを成長させる可能性が高いのです。強く興味を持ったこと、チャレンジしてみたいと思ったことなど、どんな小さなことでもいいので、まずは一歩を踏み出してみてほしいのです。失敗したら、とか、身の丈に合わないかも、と不安になるケースもあるかもしれません。やってみて、それがもしうまく運ばなかったとしても、その体験は必ず「自分作り」につながっていきます。自分の興味にしたがってトライしてみたことは、どんなことでも自分の付加価値になる活動、つまり「フカカチ活」なのです。

私は受講生である高校生には、興味のあるなしにかかわらず、縁あって来たチャンスはとにかくできるだけ全部経験してみるように、と話しています。高校生はまだ経験も少なく、自分に合うものを見極めるのが難しい。だからどんなチャンスにも向き合って、自分に合うのか合わないのかも含めて体験で学んでほしいと思っているのです。

社会に出た大人はいろいろな経験も積んで、ある程度自分にマッチするものが明確になっているでしょう。だから自分のアンテナがキャッチした、気になったものややってみたいことに常に敏感でいてほしいと思います。「面倒だから」とか「時間がもったいないし」という効率優先の考え方になってしまうと、アンテナの感度は鈍くなりがちです。アンテナの感度が鈍いと、なかなかフカカチ活はできません。寄り道してみる、首をつっこんでみる、ダメ元でチャレンジしてみる。そんな意識を持つように考え方をシフトしてみてください。最短ルートしか通らないライフスタイルでは、強みはなかなか大きくならないものです。小さなフカカチ活を心がけましょう。

体験したことは肥やしにする、という覚悟

自分のアンテナの感度を上げて、いろいろな経験をしてみるフカカチ活をしていくときに意識すべきことが二つあります。

ひとつめは、いくつかの自分の強みを頭の隅に意識しながら参加し行動すること。何も意識せずその場の流れに身を任せるのと、頭の中に、強みである自分の持ち味をいくつか置いておくのでは、その場から得るものがまったく違ってきます。

さまざまなシーンにおいて、今自分は強みを活かす実践練習をしているのだ、と自覚してみましょう。

二つめは、体験したことはすべて成功体験に繋げること、です。体験するからには、必ず自分の肥やしにする、という意識が大切です。

目に見える成果が出たり、新たなネットワークが生まれたり、信頼関係が構築されたり、可能性が見出せたりといった、わかりやすい成功や成果が出ればもちろん問題ないです。そこから学べることや発展させていけることはたくさんあると思います。

逆に、成果やその他のメリットが何も見出せなかったときでも、考え方のシフトで成功体験に変えていってほしいのです。

- 何がネックになったのか
- 自分の強みを活かすことができなかった理由
- 自分のマインドに足りなかったものは何か
- 自分の行動に足りなかったものは何か

他人や外的要因にうまくいかない理由を探すことはせず、自分起点で原因を探ってみてください。

「あの人がこうしてくれれば」ではなく「あの人がこうしてくれるために、自分はどう動けばよかったのか」という考え方です。ここでも、選ばれる自分になっていくためのソーシャルグッドな視点を大切にします。

うまくいかないことには、自分を成長させる要素がたくさん含まれています。失敗の数だけ、自分の付加価値を増やすチャンスがあるということなのです。

動くことで自分の未来が明確になる

体験したり動いたり、人と交流することで、凝り固まっていた思考や心が動き出し、アイデアや希望が湧いてきます。自分だけで考えこんでいるより、とりあえずやってみて、自分にどんな成果が生まれているのかを確認することで、気持ちが前向きになったり、向かうべき方向が見えたりします。悶々《もんもん》と抱え込み、自分をこじらせる前に、とにかく動くことが大切です。

内にこもって自分探しをするよりも、〝自分作り〟のための新たな活動をするほうが、ずっと多くの発見があるでしょう。自分の位置や強みのレベルも動いて体験して初めて理解できるものです。

肩書きは一つに絞らない

どんなことでも、どんな結果になったとしても、興味を持って経験したことは、その人オリジナルの価値に育っていきます。経験という外からの刺激とその人の内面の特徴が合わさって、その人にしかないオリジナリティが生まれ育つのです。

いろいろなフカカチ活は、ポイントを貯めているのと同じ感覚かもしれません。フカカチ活＝ポイ活です。やったらやった分、学びや発見などのメリットが得られますし、世界も広がります。少なくとも損はしないでしょう。

〝ハイフニスト〟という言葉があります。二つ以上の肩書きを持ち、個性的な活動をしている人のことです。〝マルチプレイヤー〟や〝マルチクリエイター〟という肩書きも一般的になっています。既存の肩書きに自分を無理やり当てはめたり、ひとつの価値観に固執することなく、自由に自分の可能性を広げていく考え方や行動をしていきましょう。こんな考え方がこれからの選ばれる人材には不可欠です。

自分の人生を輝かせるきっかけや出会いは、想像以上にたくさんあります。自分からアクションして、その転機をつかんでいくことが、フカカチ活です。

自分の活動や体験の傾向を知る

自分にはどんな体験が多いのか、またどんな体験を増やしていくべきなのか。これを理解するために今までの体験を、大きなものから小さなものまで書き出すというワークがあります。

学生時代、社会人生活を振り返り、自分が行ってきた体験や活動を左の４つの項目に分けてリストアップしていきます。

①仕事や学習での体験や成果
②仕事や学業以外の趣味の活動
③ボランティアや地元や家族関係のコミュニティなどでの社会的活動

④意図せず経験した不幸や幸運、不可抗力で体験したこと

決して履歴書風に書く必要はなく、印象に残ったものを中心に気軽にリストアップしてみてください。体験や活動は意外とふだんは忘れていることが多く、この整理をすることで、自分の守備範囲の広さに気づいたり、改めて自分に自信がついたりします。自己ＰＲに使える自分のエピソードも見つかるはずです。

振り返って分類してみると、数が多くなる項目と逆に少ない項目が出るのではないでしょうか。コントロールできない④以外の項目で、経験量が足りないと思う項目の活動については今後積極的に動いてみることをおすすめします。

①であれば新規プロジェクトへの参加を申し出たり、自分から企画提案や新規営業をしてみたり、転職活動をスタートするのもいいかもしれません。

②は、気になる趣味や習い事への参加、テーマを決めた読書や芸術鑑賞、旅行などもいいでしょう。

③は関心のあるボランティア活動について調べてみたり、地元コミュニティや子どもの学校の父兄活動への参加を考えてみたり。

自分のこれまでの活動整理は、次に起こすアクションの参考資料になります。

自分観察は年を重ねても続けられる

新しいことに自分を晒《さら》して、自分がどう感じるか、どう変化していくかを観察することは自分の可能性を発見したり自分の強みを磨くのに効果的な活動です。とりわけ、若い人たちにはこの経験が必要です。IoTの時代になって、オンラインでバーチャル体験が可能なこともとても多いのですが、リアルな体験は自分を成長させるのに不可欠な要素であることに間違いありません。

またこれは若い人だけでなく、年を重ねてからも続けていきたい自分磨きだと思っています。時間や体力にいろいろな制約がある場合、新しい経験を数多くこなすことは難しくなるかもしれません。ただ少しずつでも新しい経験を自分の中に取り込んでいくことが、自分の可能性の広がりをストップさせないことにつながると思います。

経験によって自分がどう変わっていくのか、可能性を探す自分観察はどんな年齢になっても自分新発見につながると信じています。

2 嫉妬は「私にもできる」に変換

あんな子が東大に？　の理由

社会や他者から信頼され選ばれる人になっていくために、捨てなければいけない考え方があります。

「あの人だからできた。私には無理」という考え方です。

「あの人にできたなら、私にもできる」という考え方をベースにしてほしいのです。

私は今まで一流大学の総合型（旧ＡＯ）・学校推薦型選抜を受験する高校生を指導する中で、目覚ましい変化と成長を遂げた生徒を数えきれないほど見てきました。「あんな子が東大に入った？」「こんなだった子が慶應に？」という感じです。レアケースではなく、毎年本当にたくさん実例が生まれます。

この入試方式は偏差値重視ではなく、将来性を見極めるための人物重視の選抜方法なので、ただ点数を上げればいいという話ではありません。その生徒の考え方、自分の掘り下げ方、自分の表現のしかたなど、思考と行動を変えることで、その生徒の可能性を広げていくのです。まさにこの章のテーマと同じですね。

マインドセットや表現方法などで、人は劇的に変われるのだと確信しています。これは高校生限定ではなく、いくつになっても、です。もともと持っているものを掘り起こして磨き上げれば、今は「私には無理」と思っていることも、可能にしていけるのです。やってみる前に、「無理無理」と自分で自分を諦める考え方は一旦忘れましょう。

生産的なジェラシーとは

他人の成功を見て嫉妬心を感じることがあると思います。

とくに立場やキャリアや環境が似ている人が自分と同じ分野で華々しい成果を上げているのを目の当たりにしたとき、気持ちがザワついたりしますよね。

意識して無関心を装ったり、「私には無理だから」と自分のモチベーションをわざと下げてみたり、まったく別のやりかたで成果を上げることを模索したり。なるべく遠ざかりたい気持ちになってしまうことが多いのではないかと思いますが、これはすべて嫉妬のなせるワザ。

他人の成功を羨む嫉妬を自分の中でこじらせたり、見ないふりをするのは生産的ではありません。

気になる他人の成功に遭遇して嫉妬のかけらを感じたときは、「私には無理」ではなく「私にもできる」という思考パターンに変えてください。

その上で、もうひとつ、「いい学習材料をもらった！」とつぶやいてほしいのです。

「あの人だからできた、私には無理」ではなく、「私にもできる、いい学習材料をもらった」です。

成功者をとことん研究してみる

他人の成功はすべて、自分の成長の肥やしです。

もちろん法と倫理が許す範囲という前提ですが、成功者の手法、考え方、表現方法などを真似《まね》しながら自分流のスタイルを考えてみる絶好のチャンスです。

成果が上がったポイントはどこなのかをじっくり観察して、その手法を自分の状況に当てはめてプランを練ってみる。要は成功者の実績を元に、それをもっとアップデートし、ブラッシュアップしていく形です。

あなたが自分の強みを加えてそれをやることで、先例よりももっと良くできるかもしれません。良い影響がもっと広がるかもしれません。

また、気になる成功者当人だけでなく、その周囲の体制、チームワークにも注目してみましょう。

成果や実績が上がるときは決して当事者ひとりですべてをやり遂げたわけではありません。周囲やチームがどんなふうに機能していたか、メンバーの強みがどんなふうに最大化されていたのか、そんなところも研究すべきでしょう。そしてそこでの気づきや発見も、自分のチームや環境にできる範囲で活かしていってほしいのです。

「できない壁」を作らない

前向きなマインドを持つ話ばかりしましたが、実際は正直なところ、「私には無理」という状況ももちろんたくさんあると思っています。いくら憧れていても、MLBで二刀流の実力選手となって世界中から賞賛を浴びるのは、ほとんどの人にとって無理なことですよね。

でも、基本的な考え方として「できない壁」を作らないでほしいのです。

とくにソーシャルグッドな意識をいつもどこかに持ち、社会や他者に選ばれる存在を目指す人たちには、チャレンジする前に「無理」と思ってほしくないのです。「無理」と思うことは、そこにあるわずかな可能性にも蓋をしてしまう危険を伴います。自由な発想を不自由にしてしまうリスクもあります。

実現するまでの現実的なステップを見通しながら、「できない壁」を乗り越える自由さと夢を持ち続ける人が新しい時代を引っ張っていくのです。そして、そんな人にたくさんの期待と信頼が集まるのです。

3 鏡の活用で自己肯定感を上げる

選ばれるには自己肯定力がマスト

時代や他者に信頼され、選ばれる存在になるためには、自信の元になる自分の強みを育て輝かせていくことが大切です。そのためには、自己肯定感を高く保っておくことが絶対条件です。自分を否定したり、卑下するマインドだと、強みも自信も萎縮してしまい力を発揮することができません。

自己肯定感を上げていくために、chapter1ではネガティブな要素をリリースする自分なりのコツを身につける練習をしました。ネガティブ感情がまだ小さいうちに処理をしておく習慣は継続したいものです。

それでも、やはり自己肯定感を保つのは案外難しいものです。そこで取り入れてほしい手法が鏡を使った自己暗示です。

鏡の自分と話すと脳が喜ぶ

自己暗示というと、なにか、おまじないという印象を持つ人もいるかもしれません。が、これは、**行動することで脳をその気にさせるマインドセットの調整法**です。

「笑うこと」がストレス解消や免疫力向上につながる癒しの効果があることは広く知られています。これは「笑う」という行動によって、脳内にある幸せを感じる中枢が刺激されるからだそうです。こんなふうに「行動すること」で脳が刺激を受けその人のマインド自体が変わってくることがあるのです。

マインドセットを調整したければ、アクションすることが近道です。

朝出かける前や何かをスタートさせるとき、鏡に自分の顔を映して、鏡の中の自分にポジティブメッセージを送ってください。具体的な言葉にして自分の目を見て、実際に声に出して言い聞かせてみてください。

「あなたは最高、あなたは素晴らしい」

「あなたならできる、あなたにしかできない」

「強みやオリジナリティを活かしていける」

「あなたとみんなで幸せを分かち合える」

最初は馬鹿馬鹿しいと思うかもしれません。ちょっと恥ずかしいと思うかもしれません。でもこうやって目を見て自分の声で言い聞かせることで、脳や心はいい方向に反応してくれるのです。アスリートが自分のパフォーマンスを上げるためにイメージトレーニングをするように、自分の脳に肯定感を染み込ませていきましょう。

褒めてくれる人には「もっと詳しく聞かせて」

もちろん、鏡の中の自分ではなく、周囲に褒めてくれる人がいれば、積極的に会いに行って、その人の言葉に耳を傾けてください。「そんなことないですよ、私なんて、全然！」という謙遜めいた反応をするのはもったいない！　どうしてそう思うのかを詳しく聞かせてもらいましょう。自分の強みに対する客観的でポジティブな評価を受け取ることで自信の元は育っていきます。自己肯定感やポジティブな気持ちは、自分の強みを活かしたパフォーマンスを驚くほど上げてくれます。自己肯定感アップや自分の機嫌を取るコツをたくさん知っている人ほど、強みをどんどん輝かせていける人なのです。

4「この人がいれば安心」と思わせる

チームを勝利に導くのはメタ認知能力

自分の力を社会で発揮し、いろいろな人や組織から求められる魅力を持つ人。そんな人気者に欠かせない能力が、「自分や自分を取り巻く世界を客観視できる力」です。自分のことしか見えない人や、目の前のことで頭がいっぱいになりがちな人は、チーム全体をよくしていくことはできません。

舞台作品を例に挙げましょう。

私は、舞台や芝居の仕事に関わることもあるのですが、そのような場で観察して気づいたことがあります。

自分を客観視する能力に長《た》けた役者が要になっている舞台は、見ていて非常に気持ちのいいものです。その役者を軸にして、舞台全体が調和し、美しいハーモニーが生まれます。

逆に、要の役者が自分の演技やセリフにいっぱいいっぱいで自分や舞台を客観視できていない芝居はどことなく噛《か》み合わず、役者たちが一体となったダイナミズムが生まれにくい舞台になってしまいます。

自分を客観視できる役者は、他の役者の心や体の動きを見ながらそれに対するリアクションを自分の演技に乗せていきます。ひとりよがりでなく、舞台上にあるもうひとつの世界をしっかり理解した上での演技をするのです。

その自然な調和は周囲の他の役者にも伝わり、みんなが舞台全体を意識しながら芝居が進んでいきます。結果その舞台が与える感動は大きなものになり、要になった役者の評価は上がります。どんどんお声がかかります。「この役者がいれば安心、頼れる役者」という評判は広がり、影響を受けた役者たちもどんどん力をつけ可能性を広げていきます。

自分の斜め上に視点を置く

新しい時代の「選ばれる人」に欠かせないのが〝チーム思考〟です。

個の力だけでなんとかしよう、という考えではなく、チームやネットワークを作り、仲間たちの強みを持ち寄り、弱点は補い合いつつ、総合力をブーストさせていくという意識です。そして勝ち得た利益やメリットは仲間たちで分かち合うのはもちろん、他者に対しても何かの形でシェアしていく考え方です。

そんな利他の意識やチーム思考を自分の中に根付かせるのに欠かせないのが、「自分や自分を取り巻く世界を客観視できる力」、つまりメタ認知力なのです。

何かに取り組む自分がいて、もうひとり、そんな自分を客観的に見ている自分がいる。そんな全体を見つめる冷静な目を持つことが、常にチームに勝利をもたらす人の条件です。自分の強みはもちろん弱みも客観的に捉え、また自分だけでなく自分を取り囲むまわりの状況や相手のことも、少し上の視点から概観できる目を心の中に持てるよう意識していきましょう。

動画を撮って自分を観察

このメタ認知力を鍛える自主練習は、〝常に自分を含め、全体を客観的に観察する意識を持つ〟ということ以外、なかなか探すのが難しいですよね。

ちょっと手間がかかりますが、一番単純で、メタ認知を実感できる方法が、動画撮影です。みんなの中の自分を、周囲の状況も入れ込んだ画角で動画撮影して観察していくのです。

例えば仕事をしているシーン、家事をしているシーン、家族とのなにげない時間、友人との会食やおしゃべり。そんな同僚や家族との日常を動画で撮っておき、あとから見てみてください。

みんなの中で自分がどんな動きや表情をしているか、どんな声やしぐさで会話やコミュニケーションをしているかなどを確認します。話す内容、話し方、表情や身振り、目線や姿勢、リアクションの取り方……。きっと、「わー、こんなことしてるんだ!」とか「もっとこうすればいいのに」などとダメ出ししたくなる点がたくさん見つかると思います。

動画で何回か自分を客観視していくと、なんとなくメタ認知の視点のおきかたがわかるようになっていきます。慣れてくると、動画を回していなくても、自分の心の目でメタ認知視点からの眺めをイメージできるようになるでしょう。

5 作った台本をゼロにする

総合型選抜入試で選ばれない生徒の共通点

個性や将来性重視で受験生を選ぶ一流大学の総合型選抜入試、その選考でもっとも選ばれないタイプとはどんな生徒だと思いますか？

それは、「自分が用意した台本を丸暗記しているタイプの受験生」です。

こういった面接方式の入試に備えて表面的な想定問答を繰り返した生徒や、推敲を重ねたセリフのような回答をする生徒。そんな生徒はまっさきに選考から外されがちです。

「練習どおりうまくいきました！」「模範的な受け答えができたと思います」。自分の作っていた台本や想定問答どおりに返せたと自信満々な生徒ほど、結果選ばれないことが多いのです。大学側は、受験生が面接対策を十分にしてきたかを見るのではありません。物事を考え、判断し、表現する基礎の部分がその受験生にあるかを見ているのです。

もちろん、質問を想定した上で一度台本を作ってみることは重要です。でもそれはそのときの練習に限ったもの。練習が終われば一度作った台本はゼロにしてありのままの自分で向き合うことが大切。台本を丸暗記するのではなく、真の自分でやりとりができるためのトレーニングのひとつとして台本を使うのです。

そもそもこういった面接方式の入試は、当たり前ですが相手が存在します。今相手は何を話したいのか？　どんなことを考えているか？　そんなことを考えて人間同士のやりとりであることを意識することが重要。

個性や将来性、人間性を見ることが目的の面接で、お約束どおりの優等生的な答えを返しては、その生徒の本質は見えてきません。それどころか、根っこの部分に何もないと思われるかもしれないのです。

ゴールへの道はいくつもある

では、この入試方式の面接対策において、想定問答の丸暗記よりも大切な準備は何なのでしょうか？

それは大学で学ぶことよりもずっと先の未来にある、自分なりの目標を具体的に描いておくことです。

当然ですが、大学に合格することがゴールではありません。将来、社会に出て自分の強みや個性を活かしてこんなことをやってみたい、こんな問題解決にチャレンジしたい。そんなゴールを描いておくことが必要で、そのゴールに向けてどんな行程でたどり着けるかを考える習慣をつけておくことが重要なのです。

今の自分を理解できていて、さらに遠い未来のゴールも見えていれば、そこにたどり着く過程で自分がどんな判断をすればいいか、どんな道を選べばいいか、自然と答えは出てきます。

想定問答だけを丸暗記するのは本末転倒、まずは自分の行きたい道を見定めることが大切です。それができていれば、どんな想定外の質問にも冷静に自分らしく対応できるはずです。

想定外のときこそ土台がものを言う

これは、受験生だけでなく、社会人にも同じことが言えます。

目先のことしか見ていない状態で企画や対策をしても、もしそれがうまくいかなかったとき、別の道を見出すのはなかなかに困難です。まさに「想定外のことが起きた！」と慌ててしまいます。

でも、本質的な目的やゴールをきちんと見据えていれば、ひとつの方法が困難になったときにプランBやプランCがすぐに発想できます。目指す場所が遠ければ、そこに至るルートは何パターンかあるからです。

将来のゴールを設定できている人やチームは、想定外のことに対して強いのです。

また、もうひとつの視点として、強い人や組織であるために重要なのが、社会や未来において本当に価値のあるものをきちんと理解していることです。

想定外のことが起きると、その人や組織が「何を大切にするべき」と考えているかが露呈します。新しい時代に社会に選ばれる人や組織は、「本当に大切にすべきものを大切にする意識」を持つべきです。当たり前のことなのですが、利益や権力の追求が行き過ぎたとき、誰しも本当に大切にすべきものを見失いがちです。

迷ったとき、思い通りにいかないときほど、これまで意識してきた「利他の心」を思い出しましょう。チーム全体で達成する幸せや社会への貢献、もっと遠大な視点に立つと世界の平和や、環境保全、弱者への思いやりという目標に立ち戻るのです。

心の中にいつも目指すゴールと、究極的に大切にするべき価値を持っていること。それが、どんなことが起きても強く立ち向かうことができる人や組織の条件だと考えています。

⑥「場」を味方につける訓練

チームを勝利に導く人が無意識にやっていること

私の生徒で今でも忘れられない子がいるので少しお話しさせていただきます。

彼女は一見どこにでもいそうな普通の女子高校生でした。何かすごい実績があるわけでもなく、単純に進学しなきゃという気持ちで大学受験の準備をスタートしていた子です。

しかし、予備校に入って間もないうちに、彼女は飛躍的な伸びを見せていきました。それだけでなく、まわりにはどんどん人が集まっていきました。それも彼女と同じタイプの波長の合いそうな子だけではなく、男女問わずさまざまな趣味や考えを持った人がいつも周囲に集っているのです。

興味を持った私は講義の中でまわりにいるメンバーにそれとなく質問をしてみました。「彼女の魅力はどんなところ?」。すると、こんな答えが返ってきました。「一緒にいると楽しいところ! 彼女といるとなぜか自信がつくし、やる気になる。彼女にはいろいろな話ができるし、何だか彼女といるとできないこともできるような気がするんです」。確かに、彼女とチームを組んだメンバーは大きなプレゼン大会でも優秀賞を取ったし、それも一回だけではなく、何度となく彼女のいるチームは賞を取っていたのです。

それだけではなく彼女は新しい企画を提案して仲間を巻き込み、ボランティアやコミュニティ活動を盛んに行っているのです。さらにそこからいろいろな点を観察していくと、彼女を通して興味深い特徴が見えてきました。

ひとつめは、まず彼女は達成させたいゴールをしっかり持っているということです。せっかく集まった仲間たちと行う活動を曖昧な結果で終わらせないために、掲げた目標を必ず達成するためのミッションを全員が共有し、何のための集まりなのかということをはっきりさせています。だからと言って上から目線ではなく、かつ相手に求めすぎることもなく、一人一人が主体的になれる状態にするためにはどうすれば良いかを常に意識して行動している点も大きな特徴です。

最初から方法論ありきではじめるのではなく、自分がこの「場」で達成させたいことを納得がいくまで話し合う。むしろそこに一番時間をかけています。

やがて全員がその場の主役になっていきます。

一見遠回りに見えてしまいそうですが、チームメンバーにその「場」をとことん自分のこととして捉えてもらうことにこだわるという点が勝利につながる大きな特徴だと思いました。

もうひとつ、彼女は自分が準備ゼロの状態で「場」に参加するということは決してしません。

例えば簡単なようで、他の人がやらない、率先して手を挙げる行為。彼女が挙げればそのまわりのメンバーもつられて手を挙げます。

別にまわりに促すつもりは彼女にはありません。でも自分が動くことでそれが波及していき、学ぶことが増えていく感覚を楽しんでいるようです。

人に意見をするときは、単なる感想ではなく、必ず相手が次のアクションにつながるようなフィードバックを行うなど、相手を動かすには、まず自らが動かなければ始まらないということを直感的に知っていることが伝わってきます。

私はこの彼女の一連の思想や行動から非常に多くのことを学びました。

まだそんなに社会を知らない高校生だから、こんな風にピュアにできるのでは？と思うかもしれません。

しかし、お金のためでもなく昇格のためでもなく、単純に心が動いたからアクションしている彼らの行動に、私たち大人はもっと見習うべき点があるように感じました。「場」という貴重な宝をどう自分の夢を叶えるものにしていくか、ここからは少しこの「場」における自分のありかたについて考えていきましょう。

「場作り」とは主体性を持って行動すること

「場」とは、人と人が関わりあって作られる空気感のこと。誰とも会わず、何の作業もせずに暮らしているのでないかぎり、仕事でもオフタイムでも、人は毎日いろいろな「場」に向き合います。

いつの時代も、組織や社会など他者から必要とされる人は、ゼロから1を生み出せる人です。ゼロから1を生み出そうとする人のまわりには、たくさんの人が集い、活発なコミュニケーションが広がっていきます。

これからは、魅力的な「場」を作れる人、活発なコミュニケーションが生まれる「場」を作れる人こそ、時代に選ばれる存在になります。

その上で、価値観がどんどん変化している今の時代、しっかりとした自分の世界観で思考・行動し、オリジナリティある提案をしていく力はさらに必要になっていくでしょう。

日常生活の中でも「場作り」や「場に立つ」という意識を持ってみてください。大切なのは、自分の頭で考えて、相手や社会や未来のために少しでも役に立っていくような行動や提案をすることです。

主体性を持つのを諦めて不本意な流れに身を委ねたり、周囲の目を気にして、自らの人生の脇役や背景と化したりすることなく、自分の頭と体を使って行動することを意識してほしいのです。

「場」に立つことから逃げないで

「場作り」は、決して大げさなことではありません。

例えば、会社で働いているとき、会議に出たとき、友達グループと集まったとき、地域や学校の集会などに参加したとき、宴会やパーティに参加したときなど、場を作る瞬間はいくらでもあります。そんなときに主体性を持って参加する意識を持つこと。

これだけで世界は変わります。

- 相手を尊重し、自分の意見を持つこと
- 自分の言葉で話すこと
- その場のゴールを意識すること

これらのことができていれば、あなたは立派に「場」を作り、「場」に立っているのです。

人の意見に流されたり、妥協したり、言いたいことを飲み込んだり、心とは裏腹な行動で自分に落胆しているようなら、それは「場」から逃げているということです。

「場」を作ることから逃げず、どんな人も受け入れて、その場をどんどん活性化できる人こそ、社会や組織や他者から選ばれる存在になるのです。「場作り」の達人になるには、まずは、どんなときも自分の足でその「場」に立つことを意識してください。

楽しむ、そして自分の役を理解する

さまざまなシーンでの、「場作り」のコツについてお話しします。

声が大きいとか身振りが派手というのとは関係ありません。「自分の場」を作ろうと変にでしゃばったり、目立とうとしても、みんなが集まるような魅力的な「場」はできないでしょう。

まずは、その場を自分のこととして意識し、その場に立つことを楽しむこと。

そのグループや組織の中での自分が期待されている役割を理解した上で、自分らしいコミュニケーションをしていきましょう。自分の発言への周囲のリアクションから何かを発見したり、自分の言葉が誰かの救いになったのを見てちょっと感動したり、逆に誰かのネガティブなリアクションから自分の持っている棘《とげ》に気づいたり。意外なことが大ウケして自分の考え方のユニークな部分を改めて知ったり。

「場」は自分自身の鏡のようなもの。そこに映る自分からいろいろなことを学べますし、それをベースにまた新しい投げかけもできます。

みんなが参加したいと思うような「場」を作り、その場の空気をどんどん上げていく力は、たくさんの「場」に立ち、「場」から学ぶことでしか得られないのです。

何をするための今なのか？　を常に考える

「場作り」のコツをもうひとつ。

何をゴールにした上での今なのかを、意識する癖をつけることです。

この仕事の最終ゴールは何だっけ？

この集まりはどんな未来に続いていきそう？　そのためにここで得るべきものは？

今日の会議は将来みんなで見る、どんな風景に続いているかな？　など。

「今」をやり過ごすための「場」ではなく、少し先の未来のための今の「場」なのです。

その目的がぼんやりとでも見えていれば、「場に立つ」あなたは堂々とし、共感を呼ぶ存在になれるはずです。

「なんでもいい」の考えをやめる

三つめの「場作り」のコツは、〝なんでもいい〟〝どれでもいい〟をやめること。食べるもの、着るもの、行く場所などを選ぶときは主体性を持って選ぶ意識を。これも目指す目的やゴールから遡って考えるやりかたです。

例えば、今日の夜は友人とフレンチレストランへディナーに行くから、昼は低脂肪なヘルシーサラダをチョイスしておこう、とか。今夜のディナーへ着ていくのはあの店の照明に映えそうなベージュピンクのワンピースにしよう、年上のちょっと辛口の友人だから見た目の印象が甘くなりすぎないように髪はタイトにまとめて、ちゃんと対等に大人っぽい会話ができるようにしたいな、といった感じです。簡単でしょう?

「場作り」の感覚を鍛えるために、こんな練習もおすすめです。

たとえば、電車内の広告や駅のポスターなど日常生活の中で見かけるものに対して、自分の感想や意見を短いコメントとして頭に浮かべることです。〝こんなところが、こういう理由で好き〟〝この部分に、こんな安心感を得られる〟というふうに。生活の中で自分が感じているいろいろな小さな印象を言葉にする訓練です。自分の感覚や価値観を言葉で表現することで、自分の感受性の特徴を理解できますし、「場」で自分を伝えていく表現力が上がります。

ここでも必要なメタ認知

メタ認知についてはすでにお話ししましたが、「場作り」するときもメタ認知が重要になってきます。

ひとりよがりな「場」には、誰も近寄ってきてくれないでしょう。自分の場とそこに立つ自分、そしてそこに集っている人たち全体を俯瞰《ふかん》して見る努力をしたいものです。

自分の行動や発言がどんなふうにまわりに響いているか。場のはしっこにいる人たちはどう動き何を感じているか。自分の場の中にいる人の、その人の場はどんなものなのか。自分の場は広がりつつあるのか、それとも縮小しているのか。

場を活性化し、そこから何かを生み出していくなら、自分の足元だけでなく全体を把握し、その全体の変化に応じて動いていく必要があります。

場に立つ自分を、常にもう一人の自分の目で少し上から客観視しておくこと。ここでもメタ認知力を使いましょう。

人が集まらない……。それも経験

主体性を持って場を作り、そこで表現したり発信するということは、自分できちんと場の責任を持つということでもあります。場を味方にできれば、そこに集まった人たちは「また会いたい」「楽しかった」とポジティブな気持ちを持ち帰ってくれるでしょう。その結果、あなたの場は大きな可能性のある場として評価を得ていきます。

ただ、もちろんうまく運ばないこともたくさんあります。

場が広がらない、場が活性化しない、場に人が集まらない、場の中でトラブルが起こる、自分で場をコントロールできなくなった……などなど。でもこんな失敗を恐れず、積極的に自分の場を作ることに向かっていってほしいのです。

場を作った経験、場に立った経験は決してあなたを裏切りません。失敗したとしてもそこに必ず成長があります。うまくいかなかったとしても、そこから学んで修正していけば、今よりも場作りはうまくなれるのです。

こうやって挑戦を繰り返す以外に場作りが上達する方法はないのです。

場作りの達人の特徴

「この人、みんなが信頼できる場を作るのがうまいなぁ」と感心してしまう人に出会ったとします。

その人はきっと、皆で目指すべきゴールをきちんと見据えている人でしょう。そしてきっと、自らが率先して動くことのできる人です。勇気があり、好奇心旺盛で、自分が選んだことに対して責任を取れる人だと思います。もしかしたら最初からうまいわけではなく、何度も失敗し修正してきた努力の人かもしれません。

逆に、場を作るのが上達しにくいタイプは、こんな人です。失敗を恐れすぎる、周囲の評価を気にしすぎる、ミスに対して言い訳が多い、言われたことだけやる、指示を待つ、〝どっちでもいい、なんでもいい〟が口癖。

選ばれる存在になるためには、場作りの腕を磨くことが不可欠。いつも心に意識していきましょう。

7 鳥の目思考でチームや個人を見る

「自分だけ」の人は選ばれない

これまでも何回かお話ししてきましたが、新たな時代に選ばれるのは利他の精神を持っている人です。

自分の軸だけで考えるのではなく、みんなの中の自分、自分のまわりのみんなを常に意識し、みんなで価値や幸せを分かちあう精神の持ち主こそ、各個人やグループがさまざまに連携して新たな価値を生み出していくこれからの時代にフィットする人だと考えます。

自分が幸せになるために何をするか？　ではなく、誰かの役に立つには自分はどんなことができるだろうという発想を持つこと。それが、今後、時代をリードしていくのに欠かせない価値観です。

しかも、**誰かの役に立つことや、誰かの幸せや問題解決につながることは、その人に根源的な幸福感をもたらします。**これは心理学の臨床実験で明らかになっている科学的根拠のある事実です。この本質的な幸せをきちんと理解している人が時代をリードしていけるのです。

リーダーになれるのは4次元思考の人

これまで、メタ認知力についてお話ししました。自分自身を斜め上から客観的に見る力を持とうという話です。自分を客観視することで、ひとりよがりな行動ではなく、相手やチームに良い影響を与える行動ができるようになります。

その話にも通じますが、時代や社会を牽引《けんいん》するリーダーにはさらに強い客観的視点が必要です。

自分の本当の強みや弱点やオリジナリティを客観的な目で理解して、効果的に使うスキルを持っていることはもちろん必要です。それと同時に、相手や仲間、メンバーの持つ強み、弱点、オリジナリティをも、客観的視点で理解できていることが求められます。もちろん、理解するだけでなく、そのチーム力を最大限に生かし切る布陣、演出、仕掛け、タイミングも常に考えていかなければなりません。

いわゆる鳥の目思考です。そのチームが目指すゴールも視野に入れた上で、高い視点から自分も含めたチーム戦力を理解し、前へと進めていく力です。3次元の立体的な視点に加えて、時間の経過によるメンバーの成長や状況の変化の予測も必要。4次元でチームを客観視する力、少しずつでもいいので試行錯誤しながら鍛えていきたいものです。

8 強運の仕組みは学べる

ラッキーを呼ぶ人の近くで観察を

「あの人強運だなぁ」って思う人、いますよね。

この人がいるとなぜか成果が上がる。この人がいるチームは強くなっていく。118ページの6の冒頭で紹介した、なぜかチームを勝利へ導く女子高生も、そんなタイプです。

もちろん元々そういう星のもとに生まれているのかもしれませんが、多くの場合、決してそれだけではないと思います。

人の見えないところでものすごく努力していたり、たくさんの経験を元に〝自然にうまくいく仕組み〟を学んでいたり。きっとその人なりの行動があった上での強運なのです。

「強運な人っていいな、私も強運になりたい」と思うなら、その裏にある仕組みを学んでください。ラッキーを呼び込む人に近づいて、その人がどんな経験をしてきたか、そこで何を学んできたか、どんな行動のしかたを意識しているか。それを生で観察して、自分でも取り入れてみるのです。

自分のパワーパーソンを大切に

また、「この人と一緒の仕事だとうまくいく」とか「この人といるといいことがある」という自分にとって縁起のいい人って思い浮かびませんか？

このツキにもきっと理由があるはずです。その人とともに行動すると自分にどんな変化があるのか、またその人から得ている情報の違いなどをじっくり振り返ってみましょう。

その人と一緒だと自分の声が少し大きくなるとか、その人はいつも海外の事例を教えてくれているとか。そんな小さな差が、ツキを呼んでいるのかもしれません。

そんな検証からラッキーの理由を発見したら、それをほかの場でも活用してみましょう。

ラッキーを連鎖させるコツ

人はみんな強運でいたいと願っていますし、ラッキーなことがあれば気分が上がりますよね。

ラッキーを起こせる人のまわりにはたくさんの人が集まってきます。そうすると、チャンスの可能性はさらに広がっていきます。

ラッキーを呼び込むだけでなく、そのラッキーを連鎖させていくところまで意識を持ちましょう。そのためには運だのみではなく、強運の裏側にある法則や方法を自分の努力で見出して、取り入れていくのです。

ラッキーは作れるのです。そして実はラッキーを作れる人こそがいろいろなチームや人に選ばれる決め手なのです。

⑨ あえて違和感のあることをやってみる

〝イヤな感じ〟は気になっている証拠

年を重ねるほどに、自分の中の好き嫌いの基準がはっきりしてくるように思います。これはこんなところが好き、これはこういう理由であまり好きではない、というように自分の価値観がしっかりと確立してきた証《あかし》かもしれません。

ただ、気をつけたいことがあります。そのもの自体を理解することなく、なんとなくイヤだからという理由だけで避けてしまっていないか、ということ。

人や物や場との新たな出会いは、どれも〝可能性の扉〟かもしれません。

第一印象が、ちょっとイヤな感じや不安を覚えるものであったとしても、なぜ違和感を覚えるのか、立ち止まって一旦考えてみてください。

人は誰も、とくに年や経験を重ねていくと、未知のものに対する不安を抱きがちです。今までと違う、見たことがない、慣れていないものを避けようとする気持ちになってしまいがちなのです。

でもその違和感の原因は、単に〝慣れていないもの〟だからかもしれません。つきあって深く知ることでその違和感は解消し、まったく別の価値が見えてくるかもしれません。

ちょっとイヤな感じ、不安な感じは、もしかしたら自分のアンテナが何か新しいサインをキャッチしているせいかもしれないのです。

違和感のあることが自分の財産になることも

「やりたいことが見つからない」と悩む受講者に、私はときどきこう言います。

「一番やりたくないことを、あえてやってみたらどう?」

やりたいことが見つからない主な原因は、経験したことの絶対数の不足や自分を知る自己理解度の低さなどです。もしそのあたりに問題があるなら、あえて〝やりたくないこと〟をやってみて、そこで自分がどう感じるのかを観察することを勧めています。

イヤなことが最終的にしっくりくるケースもあります。最初は違和感があったのに、結局それは自分のアンテナの「これ、気になります！」というサインだったというケースです。

また、やりたくないことを体験することで、かえって、本当にやりたい方向が見えてくるケースもあります。イヤな感じは正しかったけれど、そのおかげで、本当に好きなものに気づいた、というケースですね。

どちらにしても得るものは必ずあります。

成長のチャンスを逃さないためには、「ちょっと違和感あるな」と思ったとしても、きちんと理由を考えることが大切です。最初の感覚だけで決めつけて取捨選択しないことをおすすめします。

10 選ばれる人は動く人

チャンスの神様は前髪しかない

選ばれる人になっていくための思考・行動についていろいろな視点でお話ししてきました。

すべての項目の根底にあるのは、行動に移すことの重要性です。

頭で理解することももちろん大切ですが、それを行動に移さない限り、宝の持ち腐れになってしまいます。行動しなければ、他者や社会には伝わりません。自分が持っているものが伝わらなければ、選ばれることもないでしょう。

チャンスの神様は前髪しかないと言われます。

神様がやってきたらすぐに前髪をつかまないと、ぐずぐずしているうちに通り過ぎて、後ろからは前髪をつかめないというお話です。

チャンスをつかむには心の瞬発力が必要です。この瞬発力は日頃からきちんと鍛えておかなくてはいけません。頭でっかちに考えるばかりで、行動を伴わない日常を送っていてはチャンスをつかむ瞬発力はなまり、いざというときに動けないのです。日頃から、**よいアイデアが浮かんだら、すぐに行動に移す習慣**をつけておきたいですね。自分の内側にこもってデスクワークしているだけでは何も動き出しません。常に足を動かしているテニスプレイヤーやボクサーのように、チャンスに備えたいものです。

一期一会

社会や他者から信頼され選ばれ、集まったチームの力を結集して社会的な成果を上げていく。この本を手に取ったみなさんはそこを目指して研鑽《けんさん》を積んでいることでしょう。そのゴールを達成していくには、自分の強みを磨き上げ、自分のパフォーマンスを最大化していく必要があります。

そのためにいつも心に留めておきたいのが、一期一会の精神です。

ご存じの通り茶道に由来する言葉で、「その機会は一生に一度の出会い。心をこめて誠意を尽くして場に当たれ」という教えです。

丁寧に魂を込めて取り組むこと、敬意や誠意を持って相手と向きあい伝えていくこと。どんな行動の根底にも、こんな思いがある人ほど最高のパフォーマンスを発揮できるのです。

chapter

3

表現編
『選ばれる人になる自分アピールのヒント』

ここまで読んでいただいた時点で、自分自身の理解のしかたやマインドセットについてみなさんの中で何らかのポジティブな変化が生まれていると思います。自分の持っている可能性を深く理解して、かつ、それを活かし輝かせるように思考・行動ができれば、自分だけでなくまわりからの評価も変わってきます。根本の部分で考え方が変化していけば、**話し方や話す内容、ちょっとした表情や仕草など、あなたが発信するものにも確実に良い変化が現れる**のです。

せっかく掘り起こした自分の中の宝物も、それを周囲に向けて上手に表現していかなければ活かすことはできません。仲間や理解者に自分を伝えていくことで、宝物を活かす道が見えてくるのです。

chapter3では、1と2で深めてきた「自分の強みを軸にした自分らしさ」をより効果的に伝え、表現していく手段について説明します。自分の輪郭を鮮明にして、自分の印象を鮮明にしていくコツをいくつか紹介していきます。

自分のオリジナリティを表現し伝えていくことで、どんな変化が起こるでしょう？

それは、あなたが、あなたの力を必要としてくれる人や社会と、より強いつながりを持てるという変化です。そうやって生まれた強いチームでは、それぞれのメンバーの能力が結集し、大きな成果や価値を生むことができます。また、そんな経験を通じて、あなたの強みやオリジナリティはさらに磨きがかかっていきます。この好循環は例えば次のような変化ももたらします。

- 自分が存在している環境（家族、仕事、友人）に誇りを持てるようになる
- 自分の存在を他者の記憶に残すことができるようになる
- アクションすることが楽しくなる
- あなたと何か事を起こしたいと思ってくれる人が増える
- 今やっている事を拡大発展させながら進められるようになる

選ばれる人になるための自己表現のしかたを身につけることを目指して、まずは自分の世界観をマップにまとめることからスタートしましょう。

1 自分の世界観をまとめる

自分掘り起こしを振り返る

さあ、再びノートを開きましょう。

そして、chapter1で掘り起こした自分の強みや、自分はがしの作業の中で発見した自分が持っている要素をもう一度確認してみてください。過去の自分と今の自分を理解した上で、もう一度最新の自分を表すキーワードをまとめていきましょう。

150～151ページのノート記入例もご参照ください。

ノートの新しいページに、以下の10の問いに対する簡潔な答えを書いていきましょう。質問は後回しにせず、順番どおりに答えていくのがポイントです。

それぞれの答えは、そのときの自分の状態や状況によって日々変わっていくものです。まずは、「今の自分」の心に従って、書き込んでいってください。

1 近い将来、目指す自分

…5年後の自分のイメージです。ここでは、ひとつに絞って書いてください。

2 大切にしている価値観や習慣

…あなたが大切にしている価値観（例えば、〝自由〟〝愛〟〝やさしさ〟〝勝利〟〝家族〟〝生活レベル〟など自由に）や続けている習慣や長く興味を持ち続けていること（〝ランニング〟〝楽器演奏〟〝海外旅行〟〝早起き〟〝料理〟〝飲み会〟〝K－POP〟などこれも自由に）を書きます。

3 ポジティブ体験（今までの経験でうまくいったこと、成功したこと、成果が出たこと）

…遊びでも仕事でも、人間関係でも、テーマは問いません。充実感を得られた印象的なものを5つほど書きましょう。

4 ポジティブ体験を可能にした、自分の持ち味や努力

…3がなぜうまくいったのかを、自分の個性や努力を軸に考えてみてください。5〜8個くらいあげてみましょう。

5 ネガティブ体験（自分に足りないもの、悔しかったこと、壁にぶつかったこと、悩んだことなど）

…3と逆の質問です。ネガティブな経験で印象的なものを5つほど書いてみてください。

6 ネガティブ体験を乗り越えて得たもの、できた努力、自分に起こった成長

…5の経験で自分が得たこと、どんな努力ができたのか、ネガティブなことの側面にある自分の成長ポイントを5〜8個あげてみてください。

7 自分の強みやオリジナリティ

…強みや得意とすること、他の人にはなかなかない考えや特徴的な経験について、短い言葉でリストアップしていきましょう。大きな強みを3個くらい、その他の特徴は思いつく限り箇条書きにしていきましょう。

8 尊敬する人、目指したい人、妄想の中のメンター、生き方や仕事スタイルの参考にしたい人（部分的にでも）

…自分の目指したい活躍をしている憧れの人や、生き方を真似したい人、尊敬できる考え方だなぁと思う人を書いていきましょう。目標としている身近な人でもいいですし、歴史上の人や著名人でも。あなたが「人生」に共感できる人を挙げてください。どんなところを真似したいか一言添えておきましょう。

9 1で行うことが役に立つ人、喜んでくれそうな人、助かる人

…1で書いた5年後に目指すことは、どんな人の役に立つでしょうか。1が生み出すメリットが誰に影響を与えるかを想像して書いてみてください。

10 9の人たちが求めている人物像やその人に期待すること

6. ネガティブ体験を乗り越えて得たこと

希望ではなかった職場だったが、ECサイト運営の面白さを発見できた
SNSでのフォロワーを拡大していこうというモチベーションがアップ
子どもと過ごす時間を大切にするべきだという思い
ひとりで黙々とやる作業が得意になった
自分と家族の健康のための働きかたを実現しようという思い

7. 自分にしかない強みやオリジナリティ

ファッションセンス、ECサイト運営スキル、子どもへの愛情、SNS発信

8. 目指したい人、目標にしたい人、尊敬する人

母＝ファッションセンスが抜群で、服を着る楽しさを私に教えてくれた
ココ・シャネル＝『翼を持たずに生まれてきたのなら、翼を生やすために、どんな障害も乗り越えなさい』

9. 1はどんな人や社会の役に立つか？

子どもにファッションの自由さや楽しさ、サスティナビリティを伝えたいと考える親たちと、その子どもたち

10. 9の存在が求めているのはどんな人か？

「大切に着ること」「楽しく着ること」が根底にある、信頼できる子ども服の提案者
サスティナビリティ意識の高い子ども服ブランドや提案者

WORK 08

自分の世界観をまとめる・シート記入例

1. 5年後の目標・なりたい姿

独立し、オリジナルの子ども服ブランドを立ち上げ、ECサイトでの販売をスタート
外部モール出店と自社サイトの2店舗を展開

2. 大切にしている価値観・大切にしている習慣

ものづくり、商売、家族、
ファッション、コーデ作り

3. ポジティブ体験

高校時代にクラスで行ったファッションショーの楽しさ
自分のインスタでのマイコーデ発信が人気
色づかいをいつも褒められる
会社の業務のEC運営で成果を出せた
結婚し子どもができた

4. ポジティブ体験を可能にした自分の努力や持ち味

小さい頃から洋服選びやコーディネートが大好き
大学時代からWスクールでデザインの基礎を習得
全く未知だったECサイト運営をコツコツ学んできた
みんなが好きなトレンドスタイリングを提案することができる
趣味も兼ねてファッションサイトやショップを頻繁にチェックしている

5. ネガティブ体験

就活で憧れだったアパレル会社の面接選考に落ちた
まったく興味のなかった住宅機器メーカーへの入社
ひとりで過ごすことが好きで友達が少なめ
子育てと仕事の両立で体調を崩しがち
大好きな母が亡くなった

…9で見えてきた人たちは、どんなことをしてくれる人を求めているでしょう？その人たちが困っていることや解決したいことを想像して、それを解決できるのはいったいどんな人なのかをイメージしてみてください。

今の自分、過去の自分、未来の自分といろいろな方向を見ながら言葉を見つけていく作業は、かなり面倒で時間がかかるかもしれません。

ただ、自分を表現していく上で、この世界観の整理はとても重要です。

あまり固く考えすぎず、ひとまず「今の自分」の回答を書いていってください。

10バリュースシートへの記入

自分の世界観を作るキーワードを書き出したら、次にそれをチャート図にまとめていきます。

154〜155ページに「世界観をまとめる10バリュースシート」の記入例を紹介しています。この図にしたがって、前項で書き出したキーワードを、番号順に書き込んでいきます。

①近い未来の目標
②大切にしている価値観や習慣
③ポジティブ体験
④ポジティブ体験を可能にした努力や持ち味
⑤ネガティブ体験
⑥ネガティブ体験から成長できたこと
⑦自分の強みやオリジナリティ
⑧尊敬する人や目指したい人
⑨目指すことの対象者
⑩対象者が望む人物像

記入し終えたらシートを通して客観的に自分という人格の観察をしましょう。

経験をベースに磨かれた自分の持ち味、土台になっている価値観、それらが作用し

『選ばれる人になる』

② 大切にしている価値観や習慣

ものづくり、商売、家族、
ファッション、コーデ作り

③ ポジティブ体験

インスタでのコーディネート
発信でフォロワー拡大
会社のEC運営で成果
子どもの誕生

④ 3を可能にした努力や持ち味

洋服やコーデが好き
デザインの基礎とEC運営を学ぶ
努力をした

⑤ ネガティブ体験

アパレル会社に落ちて住宅機
器メーカーへ
現在の仕事と育児の両立が
困難
母の死

⑥ 5を乗り越えて得たこと

ECサイト運営って面白い！
ひとりで黙々作業が得意
家族と自分の健康第一

WORK 09

世界観をまとめる10バリューシート・記入例

⑨ 1はどんな人や社会の役に立つ？

子どもに装うことの楽しさを伝えたいと考える親たちと、その子どもたち

① 5年後目標

オリジナル子ども服ブランドのスタート
自社ECと外部モールの2店舗で

⑩ 9はどんな人材を求めている？

「大切に着る」「楽しく着る」が根底にある子ども服の提案者、環境意識の高い子ども服ブランド

⑧ 尊敬する人、目指したい人

母＝服を着る楽しさ
ココ・シャネル＝翼を生やすために、どんな障害も乗り越えなさい

⑦ 自分にしかない強みやオリジナリティ

ファッションセンス、ECサイト運営スキル、子どもへの愛情と服育への関心、SNS発信、サスティナビリティへの関心

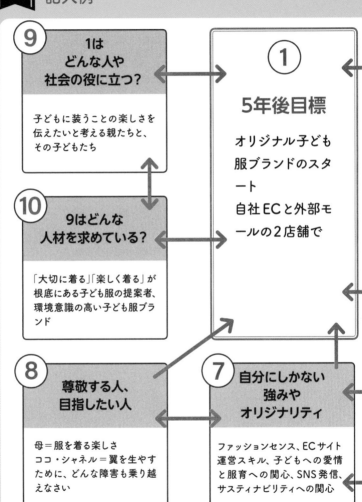

ながら生まれた他の人にはない強みやオリジナリティ。もし、追加修正したくなったら、どんどんアップデートしていきましょう。気になる細部を整えることで、世界観がよりしっかりとした姿になります。

近い未来の目標は、経験や根本にある価値観を元にして実現できそうなものになっているでしょうか。もしかしたら、足りないものが見えてくるかもしれません。その要素は、7のオリジナリティの欄のそばに書き加えて、この部分のスキルアップを意識していきましょう。

また、1の近い将来の目標が、どんな人の役に立つのか、また、その人たちが必要としている人物やその人に期待することをイメージすることで、1の内容がより具体的に見えてくるでしょう。さらに先の未来への発展につながっていくのです。

根底にしっかりと持っておくべきなのは、自分が信じる価値観と、自分の強みやオリジナリティ、そして自分を高みへと導いてくれる尊敬する人や憧れの人の言葉や考え方や行動のしかた。

この10バリュースが有機的に連携しあっているか、ときどきチャートをアップデートして目標クリアのために必要なことをチェックしてみてください。

2 自分のプロフィールを作る

自己PRを文章で書いてみる

次は、プロフィール作りです。

10バリューシートから浮かび上がってくる自分の世界観が伝わるような自己PRを考えていきます。文章にしたり、自分のプロフィール写真やアイコンで表現したり、いろんな手法で「自分はどんな人なのか」を伝える練習を重ねることが大切です。

まず手始めに、４００文字で自己ＰＲの原稿を書いてみましょう。
書いていく順番は以下を参考に、10バリューシートをチェックしながら作ってみてください。

今自分がやっていること
⇦
近い未来、目指していること
⇦
その理由となる経験や大切にしている価値観
⇦
目標に向けて活かしたい自分の強み
⇦
目標達成により社会に伝えられる価値

４００文字にまとめた自分の世界観、うまく表現できているでしょうか？

では次に、その400文字のプロフィールを、300文字に絞り込んでまとめてみてください。自分の強みや特徴、オリジナリティを強調することを意識して、内容を研ぎ澄ませていきましょう。

少ない文字数で自分の特徴を印象づけていくのはとても難しいと感じませんか？10バリューシートに記入した言葉をもっと強い表現、伝わる言葉にブラッシュアップする必要があると思ったかたも多いのではないでしょうか？

自分や自分の世界観を表す言葉は、自分の強みやオリジナリティと同じように、日々磨いて必要に応じて更新していく必要があります。以下の両面でのチェックをしていきましょう。

- 10バリューシートの内容は今の自分に合う表現になっているか？
- 10バリューシートの言葉の表現は、今の自分をクリアに伝えているか？

チェックをして気になった部分は内容を修正したり、言葉を磨いたり強めたりしてみてください。

また、自分の進む方向に迷いがある場合、目標別に複数の10バリューシートを持っておくのもいいでしょう。積み重ねた経験や自分の成長に応じて10バリューシートをアップデートしていき、進む方向を決める段階で、複数の10バリューシートの中から価値が大きいと感じるものを選ぶというのもいいでしょう。

自己PRを磨く① ハッシュタグ設定でオリジナリティを発見する

10バリューシートに記入した自分の強みやオリジナリティの表現をもっと磨き上げて強くしていくための方法を二つ紹介します。

ひとつめは、自分にハッシュタグをつけていくワークです。肩書きや特技はもちろん、趣味の世界でもいいし、仕事の分野以外の何でも、興味津々なことや過去に経験したことなど、自分の持っている領域もしくは関心のある領域で印象的なものを短いワードで連ねていきます。

私が思うオリジナリティのある人とは、その分野のことしかわからない人のことではなく、その仕事を通じてトータルな人間性を感じさせる人のこと。複数の要素がつながってその人の中に入っているという感じです。複数の領域を持つことによって、ひとつが何かスランプのときはもうひとつが助けてくれたりと、バランスを取ることもできます。

例として、私、麻加真希が、今の気分で自分を表現するハッシュタグを連ねてみます。すると、このような感じになりました。

#大学受験予備校講師　#パーソナルブランディング　#推薦系入試合格請負人
#高校生・大学生教育　#社会人研修　#イメージコンサルタント　#表現力
#カラーコンサル　#ワインソムリエ　#ゴルフ　#ハワイ　#ミュージカル
#ダンス　#ファッション好き　#スキンケアマニア　#自分を活かす
#自分を信じる　#自分を超える　#行動がすべて　#母の教え

今の自分の仕事や実績ははじめのほうに出てきますが、その後にはずっと好きでいるものや、今まで経験したこと、ハマったことが続き、最後はもっと深い部分で自分の信念のようなワードが出てきました。

SNSで使うハッシュタグは、「このコンテンツにはこんな情報が入ってます」というサインのようなもの。

この身近なハッシュタグで自分を表現してみると、短いワードで、しかも「これを知ってほしい、伝えたい」と思うものがたくさん出てくるのです。並べていくと、自然に「これ足りないから付けたそう」とか「これはもう少し強い言葉で書いたほうがいいかな」という感じでバランス調整もしやすいのです。

文章で伝えるのも有効ですが、単語の集合体であるハッシュタグでの表現からもいろいろな発見があるはずです。

ハッシュタグをベースに、自己紹介や自己PRの文章を作ってみるのもいいですし、また、ハッシュタグ同士の組み合わせで自分の新たな個性を見つけていくのもおすすめです。

さきほどの私の例でやってみますね。

#推薦系入試合格請負人 × #ミュージカル × #ダンス

こんな組み合わせから、「AO入試面接での自己表現レッスンのメソッドとして、ミュージカルやダンスを取り入れるオリジナル講義ができるかもしれない」と考えたりします。

#イメージコンサルタント × #ハワイ

こんな組み合わせで、「大好きなハワイでナチュラルなライフスタイルをベースにしたイメージコンサルタントのサロンをはじめる」というプランが浮かんだりします。自分の持っている要素が組み合わさって、面白い新展開を思いつくかもしれません。

自己PRを磨く② ヒーロー物語仕立てに

自分の強みやオリジナリティを磨いていく方法をもうひとつ紹介します。たくさんの人々を惹きつける物語展開の定石パターンを使っていく手法です。

アメリカの神話学者ジョゼフ・キャンベル氏が提唱した「ヒーローズ・ジャーニー」という理論があります。世界のいろいろな英雄物語の多くは、以下のような流れで構成されているという考えです。

日常を過ごしていた主人公が冒険へ出発し、恐怖を乗り越え成長し、師匠との出会いや、敵との戦いを経て経験を積んでいき、最後にはもっとも大きな試練に立ち向かい、それに勝利し宝物を持って帰路につく、帰路では最後の危険に遭遇しながらも無事に乗り越えて日常に戻る……。


このヒーローズ・ジャーニーの流れを参考にしながら、以下のようなストーリーに自分の経験や成長を当てはめていきます。

①最初の悲惨な状況（リアルに、苦労が多ければ多いほどいい）
②そんな状況から今に至るまでのトライ＆エラー
③ブレイクスルーのきっかけ

④どんな結果になった？（前後で変化したこと、実績、成長した点）
⑤だからこそ自分の経験やスキルを元に社会に貢献したい

ネガティブな体験と、それがきっかけで成長できたこと、克服したことを、少し大げさにドラマチックに表現していくのです。

自分の経験を元に1〜5までの流れを作ったら、それを200〜300文字くらいの文にまとめてみましょう。

例えば、こんな感じです。

「私は子育てをしながら、ワーキングママの支援コミュニティを運営しています。コミュニティを作ったきっかけは、自分自身が産後うつになってしまった経験から。ワンオペ育児に悩み、スムーズな職場復帰ができなかったことも重なって、メンタルが危険な状態に。そんなとき、あるコミュニティの世話人さんとの奇跡的な出会いがあり彼女の言葉で人生が変わりました。そこでの経験や彼女から学んだことを多くの女性に届けたくて一念発起。今では1000名近くのワーキングママがコミュニティに参加、有志によるオフライン講座もスタートしました。

働くママの笑顔が増えることが私の夢です」


挫折に負けないバイタリティのある女性だなぁとか、どん底のときにどんなアドバイスを受けたんだろうとか、この女性への共感や興味が湧いてきませんか？

苦労を乗り越えてそこで何かを得て、今はそれを元に新たな目標に向かっている、というストーリーはその人の価値をドラマチックに伝えてくれます。


私の自己PR講義に参加した社会人2年目の女性はこんなことを話してくれました。

「過去の挫折や失敗の経験こそ、人の心を動かせる私だけのストーリーの材料になる。自分でやってみて深く理解できたし、学べました！　表現方法を磨いて、私だけのストーリーやドラマを盛り込んだ自己PRを作れるよう努力したいです」

また彼女は、「今後も、新しい経験へ恐れずチャレンジしていくことも大切にしたい」と言いました。「新しい経験は、それがうまくいってもいかなくても、必ず自分のストーリーを豊かに広げてくれるから」と。

自分にはどんな物語が紡げるのか、さあみなさんも、目次作りからはじめてみましょう。

価値観が生まれたエピソードを持つ

自己PRの文章をヒーロー物語仕立てにすることや、ハッシュタグキーワードを持つ以外におすすめなのが、自分を知ってもらうためのエピソードをいくつか用意しておくことです。

10バリューシートの2番の、大切にしている価値観のところに書いたことを思い出してみてください。ここは十人十色の言葉が並んでいるかと思います。

価値観であれば、今の私はそこに、「自分を信じる」「行動がすべて」「母の教え」と書き込むでしょう。ほかにも例えば、「愛情を持って」「家族の幸せ」「世界平和」「誠意」「健康的な生活」「仕事第一」「仕事で結果を出す」「効率的に動く」……あげればキリがありません。

自分を知ってもらうエピソードとしてぴったりなのは、その価値観が生まれた人生でのきっかけです。なぜ、「愛情を持つこと」が大切だと思っているのか、「なぜ効率的に動くこと」が自分にとって重要なのか、そんな価値観を持ったきっかけなどを披露できる経験談として持っておきましょう。

とくに聞く人の関心を呼ぶのは次のような二つのタイプのエピソードです。

①ネガティブ経験を乗り越えて得た価値観

前項でお話ししたヒーロー物語の考えかたです。何かを乗り越えたり、克服した、なるべく強烈な経験。壁や苦労が高く大きいほど共感を呼び、自分を印象づけることができます。

②人との出会いやその人の言葉によって得た価値観

実際に交流のある人でも、著名人の言葉や行動でも構いません。このエピソードによって、自分はどんな人に共感し、また影響を受け、どんな自分を実現したいと思っているのかも相手に伝わります。

価値観が生まれたエピソードは、その人の人生観や考え方をストレートに伝えてくれるものです。このエピソードを作り、披露することで、自分を強く印象づけることも可能ですし、またそれは自己肯定感にもつながります。

一例として、私の講義に参加した国防関係の仕事をしている男性の感想を紹介しましょう。

この男性はもともと「消極的な性格で、自分のことを相手に伝えるのも、人前で話をすることも大の苦手で不安しかなかった」そうです。自分の部下に対して、仕事の価値やチームの重要性を伝えたくても何をどう伝えればいいのかわからない状態だと言います。そんな彼が、講義が終わってこんな話をしてくれました。

「今回の講義の中で、辛かったことから立ち上がった経験を丁寧に振り返り整理することを経験しました。そのワークを通じて、まず自分自身を肯定的に捉えられるようになったことに感激しました」

心も体も強靭《きょうじん》なイメージの職業の彼が、自分の内面にそんな変化を感じていたことに、参加した受講生たちもみな驚きました。

その講義では最後に、参加者の前で、自分の経験を元にした自己PRを行ってもらいました。そのプレゼンでも、彼は自分の内面の変化や成長を感じたそうです。

「人前で話すときも、自分が経験したことの価値を深く理解した上で話していけば、それだけで相手の心を打つのだということにも気づけました。とても楽な気持ちで話せている自分に、今は驚いています。今までは、〝自分の経験なんて〟という気持ちがあったので、背伸びしたり無理したり、自分を良く見せようと力が入っていた気がします。でも、**まずは自分の辛かった経験から得たものを深く考えてみることが大切**なんですね。自分にとっては本当に大きな学びでした」

「社会でどう役立ちたいか」というエピソード

自分の価値観エピソードのほかにもうひとつ、持ちネタとして持っておいてほしいのが、「自分はどんなふうに社会の役に立っていきたいのか」という思いについて。

10バリュースシートで言うと、「9．どんな人の役に立つ?」「10．求められている人材や期待されている価値提供は？」の部分です。

近い将来（5年後くらい）、達成したい自分のイメージと同様に、自分が成長する上で大きな柱になるのは、「誰のために、どんな役に立つか」という軸です。

なぜその人たちの役に立ちたいと思うのか、どんなふうに役に立ちたいと思うのか。そして、そう考えるきっかけになった自分の経験について、人に話せるエピソードを持っておきましょう。

新しい時代、社会や人に選ばれるのはソーシャルグッドな意識を持っている人です。自分の利益やメリットだけを追いかけるのではなく、人のために社会のために自分に何ができるのかを起点に考え自己実現できる人が、今多くの人や組織に求められているのです。一流大学の総合型選抜入試（旧ＡＯ入試）での人物の見方、評価のしかたにはそれが顕著に表れています。

「社会でどう役立ちたいか」のエピソードは、その人の利他の意識をわかりやすく伝えてくれます。そんな話を披露するような機会がきたとき、自分の思いを十分に伝えていくために、日頃から準備しておいてください。

スマホを使って自己PRスピーチの練習

自己PRのスピーチを、自分の持ち味が100%以上に伝わる印象的なものにするには、練習と場数が欠かせません。

ここまで、10バリュースシートを作り、文章化したりハッシュタグやストーリーやエピソードを作ったりと、自己PRの素材を磨いてきましたが、最後はやはりスピーチのうまさで評価が分かれます。

10バリュースシートを使って練習する場合、そのときそのときで、どこに軸足を置くかを変えていくやり方をおすすめします。

「今日は10バリュースシートの9と10の、どんな人にどんなふうに役に立っていくかという思いを中心に」とか、「今回はポジティブ体験とそれを可能にした自分のキャラを中心に」というふうに。

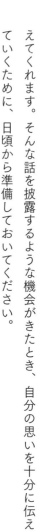

時間は1分に決め、短い時間でどうやれば自分が鮮やかに伝わるかを念頭に練習します。

もちろん、ハッシュタグを使っての1分スピーチや、ヒーロー物語的な1分スピーチでもいいでしょう。

このとき、一番成長できる練習法が、**話す自分を動画撮影し客観的に評価していく方法**です。スマホなどを活用して、ぜひ動画で研究してみてください。

またエピソードを語る練習も、自分を表現していくレッスンになります。これも動画撮影し、声のトーンや身振りまで確認しながら進めると自分を客観的に評価できます。

現実的には、自己PRスピーチをする場やエピソードを披露する機会はなかなかないかもしれません。けれど、日常生活の中のふとした会話や雑談、会議での議論中などに自己PRスピーチ練習で自分に染み込んでいる自己表現は必ず生きてきますし、驚くほど相手に伝わります。

自己PRスピーチの練習は、やればやるほど自分を信じる力と表現力がつく筋トレのようなものなのです。

ここからは、自分を伝えていく上で大きなファクターとなる外見の整えかたについて少し紹介していきましょう。

3 テーマカラーを武器にする

テーマカラーはラッキーカラー

自分のイメージを自分の良さが伝わる方向で伝えていく上で、一番におすすめしたいのが自分のテーマカラーを持つことです。

いつもその色の服を着ろ、というのではありません。

自分のラッキーカラーのような扱いで、例えば、SNSのアイコンで使ったり、デスクまわりの文具や仕事道具、バッグの中の小物などで取り入れるといった感じです。人の目にも自分の目にも、ときどき触れて印象を少しずつ残していく色の使い方です。

色にはイメージを伝えていく大きな力があります。

色の効果をうまく使って、自分のマインドセットを整えたり、人に与える印象を少しだけコントロールしていくことが可能です。

自分の気分と行動を良い方向に調整してくれるラッキーカラーを自分のテーマカラーにしていくのです。

なりたいイメージとのギャップを埋める色を探す

どんなテーマカラーを持つかを決めるには、まず「自分が他者に持たれているイメージ」と「自分がなりたいイメージ、獲得したいイメージ」の二つを思い浮かべましょう。

例えば、「押し出しが強くて前のめりな人」というイメージを持たれているけれど、本当は「包容力ある頼れるリーダー」になっていきたいし、そう思われたい、といったふうに。

この現状のイメージとなりたいイメージのギャップを埋めてくれるのが、テーマカラー＝ラッキーカラーです。

私、麻加真希の場合を例にとって紹介しましょう。

私が他者から持たれているイメージは、

パッション、主張が強い、明るい、超ポジティブ、新しいもの好きで、時にミーハーといった感じだと思っています。

そして、そこに私が獲得していきたいイメージは、

優しさ、思いやり、落ち着き、知性

といったあたりです。全体的に大人っぽく穏やかに整えていきたいと思っています。

……そんな私が選んだ自分のテーマカラーは、ベージュピンクです。

他者目線で考えると、私は赤のイメージかもしれません。でも私はそこに、穏やかさや優しさを加えていきたい。なので、赤をやわらかくしたピンクを選び、大人っぽくて協調性があるイメージのベージュをブレンドしているというわけです。

コーディネートに取り入れることもありますし、バッグやバッグの中身など目に付くものにこの色を選びます。SNSのアイコンなどもベージュピンクを中心に使うようにしています。手元にあるこの色を見ると、自分の心にも、この色のイメージに合わせようという意識が生まれますし、他人の目へも、麻加真希という人間とベージュピンクのイメージがブレンドされて届くようになります。

また、営業など人と接する仕事をしている女性へ、私はこんなアドバイスをします。「3色のスカーフを持ってみてください」。相手に与えるイメージが違う3色のスカーフを持ち、その日に〝どんな自分を伝えたいか〟という目的別にあしらうスカーフの色を変えてみてください、というアドバイスです。

例えば、情熱を持って伝えたいときの赤、信頼を感じていただきたいときは青、クリエイティブなイメージを伝えたいときはパープル……といった感じです。色が及ぼす心理作用で、選んだ色から自分自身もパワーをもらえて、目指す自分に近づけるのです。

この3枚のスカーフメソッドについては、美容関係の企業に勤める女性からこんな感想をいただきました。

「つけるスカーフの色で、これほど自分の心持ちが変わるなんて予想していませんでした！　制服があるので服装での自己表現は難しいと思っていましたが、3色のスカーフをプラスするだけで意識が変わりました。選ぶ色に合わせてなりたい自分に近づけるようで、心もウキウキしてきます。今後はメイクもスカーフに合わせて変化させてみようかな、と思っています」

こんな自分になりたい、という気持ちを後押ししてくれるのが色の力。次の項では、どの色にどんな心理作用があるか、ご紹介します。

自分を助けてくれる色を知る

それでは主要な色別に、見る人にどんな印象を与えるか、またおすすめの使い方などを紹介していきましょう。

●赤

相手に与えるポジティブな印象＝勝負、インパクト、高揚、積極的、ゴージャス、リーダーシップ、情熱的、活気、関心、温まる、元気、愛、お祝い

強く主張する色なので、コーポレートカラーとしては青と並んで多く使われる色。個人が仕事の場で取り入れるなら、ポイント使いがおすすめ。男性ならネクタイ、女性ならスカーフなどに小さい面積で取り入れて。小ぶりのゴールド小物や金ボタンのジャケットなどと合わせるとリッチな印象に。シルバー小物と合わせるとクールでこなれた雰囲気が出る。黒と合わせるとキツく見えがちなので注意。また目立ちすぎる使い方をすると「気が強い」「攻撃的」「感情的」といったネガティブな印象を与えることもあります。

●青

相手に与えるポジティブな印象＝信頼、健康、まじめ、経済観念、スポーツ、親近感、コミュニケーションが取りやすい、優しい、爽やか

赤と並んで上場企業のコーポレートカラーで多く使用される〝信頼カラー〟。スポーティで健康的な印象も。コーディネートで使うなら、男性ならネクタイの柄で、女性ならスカートやスカーフの柄で。バッグやカードケースなどの革小物で取り入れたり、ＳＮＳアイコンでの使用も合う。濃淡、色みによって、印象が変わってくるので自分のライフスタイルや場に合わせて選ぶことが必要。黄みが強いターコイズブルーや淡いサックスブルーは、軽快でカジュアルな印象が強くなる。

●オレンジ

相手に与えるポジティブな印象＝ポジティブ、活発、楽しい、コミュニケーション、チームや仲間、スポーツ、陽気、エネルギー、社交的、温かい家庭、自信

エネルギッシュに見せたい時に活躍してくれる色。リーダーシップが求められると

きや、プレゼンで登壇する日など、アクティブに動く時にパワーをくれる。コミュニケーションの色なので、チームが始動する時やオンライン会議などでも効果的。

強いリーダーシップを象徴する力があるので、穏やかにチーム全体をまとめていきたい時にはポイントで使うのがおすすめ。男性ならネクタイ、ポケットチーフ、もしくは薄いオレンジのシャツなど。女性は濃いオレンジが入ったスカーフでポイントを作るとオシャレな印象も加わる。

●イエロー

相手に与えるポジティブな印象＝好奇心、喜び、希望、開放感、ワクワク、コミュニケーション、判断力、注意力、高揚感、知性、クリエイティブ、お金

企画や製作、作品を生み出すなど、クリエイティブな場に効果的な色。何かを判断しなければならない場において、注意をしながら進めていくのにも一役買ってくれる。

幸せな気分になる要素があるので介護や子どもの世話をする時などにも相手をポジティブな気分に持っていく効果がある色。春先はデートでこの色のコートを着用するのも好感度が増す。男性はネクタイ、チーフ、黄色の柄が入ったシャツなど、女性はスカーフ、黄色の花柄のワンピースやシャツなどで使うのがベスト。色みや使い方によっては、子どもっぽい印象になったりカジュアルになりすぎたりするので、大人らしい印象や上品さを意識する。

●**濃いグリーン**

相手に与えるポジティブな印象＝安全、安定、安心、エコ、癒し、デトックス、落ち着き、高級感、流行に敏感、平和、バランス、健康、整える、調整、サポート、アテンド、公平な判断

グリーン系は、ここ何年かのトレンドカラー。森林をイメージさせる濃いグリーンは、エコやSDGsの印象にもつながり、視座の高さや信頼感を演出してくれる。とくに、バッグや名刺入れ、カードケースといったレザー小物で取り入れると高級感も漂う。素材やアイテムの選び方や配色によっては、「地味」「堅い」「面白みがない」印象になるときもあるので注意。

●**淡いグリーン**

相手に与えるポジティブな印象＝爽やか、若さ、クリーン、新緑、謙虚、新鮮、柔軟性、癒し、良い人、前向き、鎮静効果、回復、安全、安心、軽いフットワーク、自然体

黄緑やライムグリーンといった淡いグリーンも健康的な印象で好感度が高い。彩度が高く目立つ色なので、ネクタイやブラウス、スカーフなどの柄に使ってある程度で印象は十分伝わる。ただ、かなり明るい色みなので、生真面目さや実直さ、経験豊富さが求められる場では控えたほうが無難。

●淡いピンク

相手に与えるポジティブな印象＝優しさ、可愛さ、癒し、幸福、赤ちゃん、子ども、甘い、ホルモンアップ、モテる、スタート、柔らかな、若い、優しい、女性的

優しい色合いなので、威圧感を和らげたい人にこの色はおすすめ。洋服にも使える色。大人っぽく、上品に見せるために、ごくごく淡いピンクのベーシックデザインのものを選ぶ。男性ならネクタイ、シャツ、セーターに取り入れて。グレーやネイビーとの組み合わせで品よく仕上がり、女性からの好感度が増す。女性なら、トップスやボトム以外に、ワンピースやセットアップ、コートといった面積の大きいアイテムでも。グレーと合わせるとクールな印象。白と合わせると華やかで目立つ。バッグや靴などのポイント使いも女性らしさがアップする。

●**濃いピンク**

相手に与えるポジティブな印象＝女性的、艶やか、華やか、色気、愛情、個性的、**ドラマチック**、**ロマンチック**、幸福感、高級感、**オンリーワン**

とても女性的な印象で、強烈な印象を残すことができる色。洋服やファッション小物よりも、ＳＮＳなどのアイコンやバッグの中の小物、ステイショナリーなどに使うのがおすすめ。明るくポジティブなイメージを演出でき、それを目にする自分の気持ちも上がる。

●**黒**

相手に与えるポジティブな印象＝高級感、上質、強さ、威厳、かっこいい、神秘的、自信がある、完璧主義、なめられない、秘密主義、アウトロー、反骨精神シャネルに象徴されるように黒はカッコ良く、クールな演出や高級感を出すのに効果的な色。素材によってイメージが変わるので、TPOにより使い分けるといろいろなシーンでの自分の見せ方を変えることができる。コーディネートで黒の特性を主張したいときは、光沢感や透け感、金具との組み合わせなど高級感をプラスできるデザインのものを。平板な黒やチープな黒では個性が隠れてしまう危険性も。

●白

相手に与えるポジティブな印象＝美、清々《すがすが》しい、清潔感、信頼、正義感、出発する、始まる、オープンマインド、一新する、純粋、素直、真面目、可能性

明るくクリーンな印象の白シャツはどんな色よりも強く、着る人の魅力を実力以上にアピールしてくれる。着る人が背筋を伸ばしてポジティブマインドでいることで白はさらにパワーを発揮。逆に、白シャツや着る人がくたびれていると白のパワーはオンにならない。気合いと覚悟で白を味方につけて。

●**グレー**

相手に与えるポジティブな印象＝控えめな人、落ち着き、敵を作らない、馴染む、引き立て役、穏やか、がまん強い、控えめ、大人しい、感情をおさえる、クール、スタイリッシュ

ファッションにも取り入れやすいカラーだが、ともすると地味すぎる印象にもなってしまうので、配色に気を使って着こなしたい。黒と合わせると落ち着き度が増すが暗くなりがちなので、小物で色を取り入れるなど工夫を。赤やサックスブルー、ピンクやオレンジなど、どんなカラーでも合いやすい。また白と合わせると爽やかさの中にモダンな雰囲気になる。

●**ベージュ**

相手に与えるポジティブな印象＝温もり、心地よい、優しい、馴染む、安心感、秋、オシャレ感、緊張緩和、信頼、真面目、安定、落ち着き、ネイチャー、ゆとり

こちらもファッションコーデで取り入れやすく、配色もしやすい色。「退屈」「地味」「存在感が薄い」といった印象にならないために、デザイン性のあるもの、透け

感や光沢など高級感のあるテクスチャーのものを選びたい。

●ネイビー

相手に与えるポジティブな印象＝理性、信用、誠実、落ちつき、社会人、かっこいい、品が良い、冷静、リラクゼーション、ダイエット、安眠、浄化作用、知的、賢い、安心感、安全

男女ともにスーツやワンピースなどの洋服として取り入れやすいカラー。深みのある人格を伝えてくれる落ち着きのある大人っぽい色。かっちりしたデザインの服やトラッドなテイストの服で取り入れたい。生真面目な印象を和らげるために、さし色を使うのもおすすめ。

●パープル

相手に与えるポジティブな印象＝創造、自信、美、芸術、神秘的、高貴、優雅、スピリチュアル、インスピレーション、セクシー、エキゾチック、ムードのある、感性、個性、古風

クリエイティブなイメージを与えるカラーであり、高貴なイメージや古風なイメージにも。個性的な色なのでファッションにスパイス的に取り入れたり、小物やSNSアイコンに使用したりするのがおすすめ。人の記憶に残る色。

●ラベンダー

相手に与えるポジティブな印象＝癒し、優しい、気遣い、心の回復、包み込む、解放感、恋心、気持ちが上がる、自信、美、繊細な気持ち、前向き、神秘的

身につけることでその人に透明感や優しさを与えてくれる。繊細なイメージなので、女性が身につけると映える。パープル同様に個性と存在感のある色で記憶に残りやすい。

●ゴールド

相手に与えるポジティブな印象＝豊かな人、リッチ、高級感、本物志向、自信、才能、主役、勝利、カリスマ、ブランド、一生モノ、華やかなシーン、暗いイメージからの脱却

アクセサリーや金ボタン、時計などで取り入れたいポジティブカラー。華やかさをアピールしたいときに頼れる色。また、白と同じように、身につける人にもパワーが必要な色なので、気合いを入れて取り入れたい。

●**シルバー**

相手に与えるポジティブな印象＝シャープな印象、クール、シンプル、協調、上品、知性、リラックス、肩の力をぬいた、オシャレ感、信頼感、控えめ

アクセサリーや時計、洋服のボタンや金具などで取り入れたい色。ゴールドよりもクールでカジュアルな印象に。地味に見えすぎないよう、高級感やデザイン性を意識したアイテム選びが必要。

4 自分に似合うものを理解する

好きなものと似合うものは違う

言うまでもなくファッションはその人を語る重要なものです。何を選んでどう着こなしているか、その見た目の印象で、他者はその人をどんな人か判断します。何度も会って、気心の知れた仲であれば、内面とのギャップがある〝意外な服装〟も、新鮮なスタイルとして受け入れられるかもしれません。ですが、自分のキャラクターや持ち味をしっかり伝えていきたいときは、「こんな風に受け取られたい」という軸で服選びをするのが賢明です。

相手に好感を持って受け入れてもらえて、自分の強みやオリジナリティを積極的に理解しようという姿勢へ誘導する服装。それはどんなものなのでしょう？

一番大切なのは「似合っている」ということ。

これ、実は自分ではなかなか判断できない難しいテーマです。どのように判断していけばいいかは後で述べますね。


「似合う服」というのは、顔立ちや年齢、体型や雰囲気に馴染みながら、その人のキャラクターを魅力的に伝えてくれる服装です。矛盾や無理がなく、違和感なくバランスよくその人にフィットしていることが大切です。

第三者の目から見て、無理をしている、背伸びしている、場に合わないなどの印象を与えてしまう服装はNGです。「あえての選択」や「逆印象のチョイス」は初対面では避けたほうが無難です。


さて、「似合う」の基準です。

自分が服装によって、どんなふうに見えているか？

これは実は自分ではなかなかわからないものです。好きな服が似合う服とは限らないのです。人間はないものねだりの生き物です。恰幅《かっぷく》のいい人は華奢《きゃしゃ》な人に似合う服装に憧れるし、年を重ねれば若い人の服装を真似てみたくなるもの。

自分掘り起こしと同じように、ファッションについても、自分の外見を客観的に見る目が必要です。

一番勉強になるのが、インスタなどのSNSに上がっている他人のコーディネート画像です。自分の年齢やサイズ、体型の特徴などを把握して、同じ年代、似たような体型の人のコーディネートをSNSなどでチェックしてみてください。

似合いそうなもの、避けた方がいいもの、いろいろなものが見えてくるはずです。反面教師になってくれる画像ともたくさん出会えるでしょう。

自分のコーディネートをチェックするときは、必ず全身が映る姿見で見て確認するようにしましょう。スマホで撮影するとより客観的に観察できます。横からや、後ろ姿の見え方もチェックすると、客観視の訓練になります。

骨格診断やパーソナルカラー診断を活用して、自分に似合うものを探るのもいいですね。

何より、似合うもの・似合わないものを一番ストレートに教えてくれるのが、他人の意見です。アドバイスをもらうなら、忌《き》憚《たん》のない意見を言ってくれる距離感の人で、かつセンスがいい人に意見を求めましょう。洋服のショッピングに付き合ってもらって意見を聞きながらアイテムを選ぶのもおすすめです。**他人の視点を通すことによって「本当に似合う服」と初めて出会える**かもしれません。

〝好きだから〟の基準だけで服を選びコーディネートしている人は、もう一度客観的な目で自分の装いを観察してみてください。実は洋服が自己表現の邪魔をしているかもしれませんよ。

高い服よりサイズが合った服

相手に好感を与える服装の一番重要な要素が、サイズ選びと清潔感です（ファッショントレンド的にはこのところビッグサイズブームですが、この本では好感度優先でお話ししますね）。

きちんとサイズが合っている着こなしは、その人の信頼度や誠実さ、人格を語ってくれます。

ジャケットの肩のライン、袖の長さ、ボトムの丈、ウエストやヒップまわりのサイズ感はきちんと自分の体に合わせるようにしましょう。つんつるてんだったり、逆にダブダブだったりする場合は、お直しするかサイズを変えてきちんとフィットさせてください。きちんとお直しをして自分の体型に合わせた洋服を着れば上品できちんとした印象になります。しかもサイズの合った洋服は体型を美しくスマートに見せてくれるという利点もあります。

きちんとお手入れされている服を着ることももちろん大切です。

清潔感は日頃のお手入れから生まれます。決して大袈裟なことをする必要はなく、洗濯表示に従ったケアをし、必要であればアイロンをかけ、折り目があるならきちんとプレスするといった当たり前のケアを丁寧に行うということです。

シミをつけてしまったら早めに処置したり、クリーニングに出す。帰宅してジャケットやコートを脱いだら、埃《ほこり》を払ってハンガーにかける。革のバッグならブラシで埃を落とす。そんな日頃のお手入れを繰り返しましょう。雑な扱いをした服は、すぐにくたびれた印象になってしまいます。**くたびれた服は着る人の信頼感や誠実さ、人格を覆い隠します。**服を大切に使い続ける気持ち（服だけでなく、いろいろなモノに対してもですね）が、選ばれる人に欠かせない清潔感につながります。

褒められた服を3倍に増やす

人と会ったり仕事へ出かける中で、着ているものや持ちものを褒められたり、服装がきっかけで仕事がうまくいったり話題が広がったりすることがあるかと思います。

そんな経験をしたら、そのとき着ていたコーディネートをヒントに、自分の勝負コーデを考えることをおすすめします。

例えば、明るいブルーのネクタイが褒められたら、それはあなたに似合う証拠。そのネクタイとバランスのいいジャケットスタイルを3パターンほど勝負コーデとしてリストアップしておいてください。

フェミニンなワンピース＋かっちりしたジャケットのコーディネートで商談相手の会社から好感を持たれたら、そのコーディネートはあなたの仕事をスムーズに進めてくれるラッキーコーデ。フェミニンワンピースとジャケットの組み合わせを3通り考えてみましょう。

黒いシャツを「オシャレですね」と言われたら、似合いそうな黒シャツを他にも2点ほど選んでみたり、「ポケットチーフづかいが慣れてますね」と褒められたら、**自分のトレードマークになるようなポケットチーフづかいを3つ考えてみる**など。

その洋服や小物で体験した良い雰囲気や褒められた経験を活かして、自分を上手に表現できる勝負コーデをストックしておきましょう。

顔まわりの小物で印象づける

自分を伝えていきたいと思うなら、まず自分を相手に印象づけることからスタートです。「この人はどんな人なんだろう」と、相手に自分を意識させることです。こんなときにも装いはいい道具になります。

ポイントは、相手と話すときや、みんなでテーブルを囲んだときに視線が集中する顔まわりや手首です。そこに小物を配して自分を印象づけるととても効果的です。

男性なら、ネクタイやメガネ、ポケットチーフ、腕時計、カフスなど。

女性なら、イヤリングやネックレス、スカーフ、メガネ、ブレスレット、指輪、腕時計など。

相手に好まれるようなアイテムや、その場に合うような小物を選びます。

例えば、華やかさが歓迎される場へは、赤やブルーなどの鮮やかなカラーの入ったネクタイやスカーフ、ゴールドの時計やアクセサリーなどを取り入れてみたり。信頼感や落ち着きを求められる場へは、落ち着きのあるシルバーやネイビー、白の小物や生真面目な印象になるメガネを活用したりという感じです。

主張しすぎることなく、2ヶ所程度のポイントに絞って小物の存在感をアピールするのがおすすめです。全身を飾るよりも、顔まわりに絞って自分をトーンアップしていくほうが上品だし、簡単です。

白シャツはレフ板

信頼できる人、実力のある人という印象を演出してくれるＮｏ．１アイテムが白シャツです。**選ばれる人になるための必須アイテム**と言えるでしょう。男性女性問わず、コットンのベーシックな白シャツを中心に、体型に合う、似合う白シャツを何枚か持っておくことをおすすめします。

白シャツの魅力は、清潔感ときちんと感、そして、クセがなくオープンマインドな印象。その上、光を反射する白にレフ板的な効果が生まれ、肌色や表情を明るく演出するというメリットも。ネクタイやスカーフ、アクセサリーなどどんな小物も馴染むので、白シャツをベースにした勝負コーデもいくつかストックしておきたいですね。

この白シャツの力を活かす重要なポイントがあります。それは、おろし立てのようなパリッとしたイメージ。綿の白シャツであれば、しっかりアイロンをかけてきちんとした印象を目指しましょう。シワや色褪《いろあ》せ、シミや汚れがある白シャツほど貧相なものはありません。ちょっと着続けた感じが漂いはじめた白シャツは、オフタイムかご近所用に回して、できれば自己表現用に毎年新しい白シャツを新調したいものです。

黒に頼りすぎない

着るもの選びに悩んだ末に黒のアイテムをつい選んでしまう人が案外多いのです。ダークな色で引き締まって見えそう、目立ちすぎず控えめな印象、合わせられる色の幅が広い、オシャレに見えそう……などいろいろな理由があるようです。

もちろん黒をセンス良く着こなす人もたくさんいると思いますが、ついつい選んでしまいがちな黒には実は落とし穴もあるので要注意です。

まず、印象に残りにくいこと。

前項の白と違って、カラーイメージが「閉じている印象」なので、好感を持って受け入れられるというよりは、暗い印象や理解しづらい印象を与えてしまうことも。ブランド力のある人や明確な個性がある人が着れば効果的かもしれませんが、初めて会う人が多い場へは**黒メインの服装はマッチしないかもしれません。**

また、黒は生地のクオリティの差が出やすい色です。クオリティの高い素材の黒には奥深い魅力がありますが、粗悪な素材の黒はひどくチープに見えてしまいます。センスよく見られたくて着た黒なのに、安っぽい印象を与えてしまっていることもあるので慎重に選びましょう。

そして、意外と、体型をカバーする力にもそれほど期待できないという一面があります。

まず華奢な人が黒を着ると、時に、体のサイズがより収縮した印象で、貧相に見えてしまうこともあります。体格のいい人が着やせ効果を狙って黒を着ても、マットな質感やハリのある素材の黒だと、体の幅やボリューム感をかえって強調してしまい、逆効果になることも。もちろん素材やデザインにもよりますが、一概に収縮して見せてくれるという色ではないのです。

「無難に行こう」という気持ちでつい選んでしまう黒、実は危険もいっぱいです。

ネイビー、グレージュは選ばれカラー

使いこなせたら最強な色があります。選ばれる人に欠かせない、信頼感や誠実さ、リーダーシップや冷静で賢い判断、周囲を気遣う優しさや協調性。そんな要素をすべて持っていそうな印象を与える装いに最適なカラーです。

男性ならネイビー、なかでもダークネイビー。

こころざしの高さや意志の強さや賢さをイメージさせ、スタイリッシュでスマートな印象のカラーです。

この色のスーツやジャケットを、その人らしいセンスや遊び心で着こなしていて、しかもそれがその人のキャラクターや表情や仕草などともマッチしていたら、最高に魅力的です。

ダークネイビーのスーツはビジネスエリートが勝負スーツとして選ぶNo．1カラー、しかも、女性が支持するスーツの色でもトップの常連です。

女性なら、グレージュ。グレーとベージュを混ぜたようなニュートラルカラーです。決して派手な色ではありませんが、ヨーロッパのリッチなマダムたちはこのカラーを品よく華やかに着こなします。品がよく控えめで知的、芯があって自立している印象。そして何より、グレージュのコーディネートには、その人のセンスと意志が現れるのです。意志のあるグレージュのコーディネートは、信頼感と積極性を周囲に伝えます。

年齢にかかわらず誰もが似合うコーデを見つけられるのもグレージュの魅力のひとつでしょう。

自分の強みやオリジナリティを相手や社会に効果的に伝えていくために、今から最強カラーの名手になるレッスンをはじめてみませんか。

5 「見た目」で自分を伝えていく

選ばれる人になるための外見的条件

社会や他者に選ばれる自分になるためには、自分の経験や内面を振り返り、強みやオリジナリティに磨きをかけていく努力や作業が必要。そしてそれと同時に、自分をどう表現していくか、どう見せるかということも、とても重要です。

初対面の印象は外見で5割以上決まります。もちろんその後のつきあいで印象は変わっていきますが、第一印象で受けたイメージは強烈に残っていきます。

前項の装いと同じように、肌や髪型、メイクも自分を良い方向に印象づけていく武器にしましょう。その人の役割や能力にマッチし、しかも好印象な外見は、自分の強みやオリジナリティをスムーズに活かしていける道筋を作ってくれるのです。信頼できそう、一緒に何かを動かしていけそう、成果が生まれそう……という期待感を、まず見た目で発信していくのです。

ポイントになるのは、

- 清潔感があって整っている肌
- 血色を感じさせる頬
- ツヤがありまとまっている髪
- 整っている眉、まつ毛、髭《ひげ》など
- 白い歯、ツヤのある爪
- 荒れていない唇と引き締まって上がっている口角

たくさんありますが、要は、健康的な外見に整えていくということです。メンテナンスやグルーミング、メイクでカバーしながら、「血流や代謝が良く、清潔で規則正しい生活をしている健康的な人」というイメージを目指します。

肌、髪、メイクに関しても、まずは自分を客観的に観察することからスタートです。

今の自分の見え方をきちんと把握し、理想的な見え方に向けて努力をしていきます。
自分を客観的に観察するのが難しければ、ここでも、インスタ画像を参照するのをおすすめします。**同じ年齢層、似たような髪型、同じタイプの顔立ちの人の画像を探す**などして、肌や髪の見え方をチェックしてみてください。

カバーすべきところやカバーする方法、また、イメージダウンになってしまう髪型やメイクなど、ここでも「人の振り見て我が振り直せ」方式です。年齢や顔立ち、肌タイプに合わせた、好印象に見せるアプローチ法を研究しましょう。

清潔感の決め手は肌の状態

外見ケアの中でもっとも力を入れるべきところはスキンケアです。きれいな肌は印象アップの最大のポイント、同時に肌が荒れていたり不潔になっていると、どんなに能力のある人でも第一印象で大損をしてしまいます。これは男性にも女性にも言えることです。今は男性も肌を磨くべき時代です。

朝と夜、そして季節に合ったスキンケアを丁寧に行いましょう（もちろん男性もです！）。

汚れは低刺激のクレンジング剤で優しく落とすこと。ノーメイクであったとしても1日の終わりにはきちんと洗浄しましょう。そしてすすぎは念入りすぎるほど念入りに。

もっとも力を入れたいのは、保湿です。乾燥肌の人はもちろん、オイリー肌の人も、化粧水などでたっぷりと保湿を行いましょう。肌の水分不足がオイリー肌の原因になることもあるのです。

保湿をしたら、その水分が逃げないように、フタをするように乳液やクリームを塗りましょう。ベタつくのがイヤという人も、ほんの少しの量で十分なので保湿のあとの「油分のフタ」は必ずしておきましょう。

紫外線は肌を老化させる最大要因です。量の増える夏だけでなく、紫外線は通年降り注いでいるものなので対策は1年中必要です。肌に負担のない紫外線カットクリームを携帯したり、紫外線カット効果のあるメイクコスメを選ぶなど、意識しておきましょう。

また、吹き出物や乾燥、毛穴詰まりなど、気になる部分があれば積極的に皮膚科に相談するのもおすすめです。自己流ケアや放置することで悪化する場合もあるので、クリニックを上手に使いましょう。

歯と爪はその人を雄弁に語ります

肌と同じように、美意識が如実に現れるのが、歯と爪です。

コロナ禍のマスク生活でちょっと忘れがちですが、実は、歯は常に対面した相手に見られる部位です。また話している間にメモを取ったり、資料をめくったり、身振り手振りで話したりする中で、手の爪も対面した相手の視線にさらされる部位です。小さい部位だけど、視界に入りやすい、とても目立つところなのです。

虫歯治療はもちろんですが、歯のメンテナンスも定期的に行うことをおすすめします。歯石取りのクリーニングや歯のホワイトニング、最近では大人の歯科矯正も注目されています。審美歯科などでケアしていれば、自信を持って相手と向き合って、話すことができます。歯のケアは気持ちにも自信とゆとりをくれるものなので、ぜひ継続してみてください。

爪のケアは、とくに男性におすすめしたいケアです。逆剝《さかむ》けしたり、爪や爪のまわりが乾燥していませんか？　爪まわりの荒れは自分が思っている以上に目立つものです。ハンドクリームやネイルオイルを塗ったり、ドラッグストアなどで販売している爪磨きアイテムでツヤを出すなどケアをしていきましょう。爪は自分の視界にも常に入ってくるもの。荒れた爪だと心まで荒《すさ》みます。こぎれいで見た目が整った爪は自分のメンタルケアにもつながります。

メイクアップのポイント、私の場合

肌や表情や年齢をカバーしながら美しい外見に整えていく手段として、メイクアップがあります。近頃は男性でもベースメイクをする時代ですよね。

ここでも、信頼感、好感、一緒に組みたいと思わせるような印象を作るメイクを意識していきましょう。ポイントは、スキンケアのところでお話しした通り、肌作り。キメ細かく、ハリ、ツヤ、血色のある健康的な素肌をベースメイクで作ることです。厚塗りや能面のようなベースメイクは避けて、素肌を活かしたベースメイクを目指します。

もうひとつ意識したいのは、眉やまつ毛など毛の部分を美しく整えること。毛流れの美しさは、健康的なイメージに直結します。眉の毛流れを整え美しいラインを描き、ラインを邪魔するムダな毛はカット。またまつ毛も上向きの美しいラインを描くように、マスカラでメイクしたり、美容液で健康毛に育てていくのもいいでしょう。

メイクアップで私が個人的に気をつけているポイントをご紹介しますね。

● ベースメイクは顔が白浮きしないように色選びに注意。ファンデーションのカラーは首の色と同じか、少しだけダークな色を選ぶ。

●眉は髪の色に近い色で、自分の肌になじみやすい色を選ぶ。2〜3色混ぜて自分に合った色に。

●アイラインは仕事のときは極細の黒ラインで、ナチュラルでも輪郭はくっきりと。カジュアルシーンでは、ダークブラウンなどの赤みのあるアイシャドーをラインがわりに。

●血色良く見せたいので仕事のときの口紅はコーラル系。暗く沈むベージュは避ける。

●オンラインの配信や登壇するときは、チークを少し濃いめに。さらに、頬の一番高いところだけは少し明るめのハイライトパウダーをのせて表情を明るく見せる。

髪の毛はその人の誠実さを映す

肌や装いと同じくらい、その人のキャラクターイメージの決め手になるのが髪です。

昔は「長い髪は七難隠す」と言われたといいますが、今の時代におきかえると、「髪のツヤとまとまりは七難隠す」と私は思っています。

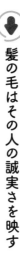

肌の乾燥と同じように、髪のパサつきや傷みは致命的に不健康な印象を与えてしまいます。

髪のツヤとまとまりはその人のエネルギーと誠実さの証だと思って、ヘアケアはしっかりと丁寧にやっていきましょう。

とくに髪に悪いことはやっていないけれど、乾燥しているし、アホ毛もいっぱいでツヤがないという人はヘアケアを一度見直してみるのもいいかもしれません。

シャンプーなどのヘアケアアイテム選び、おざなりになっていませんか？　主体性を持って選びましょう。自分の髪質に合うもの、なりたい仕上がりが実現できそうなものをチョイスしてください。

シャンプー剤の使いすぎやすすぎ残しなどしていませんか？　シャンプー剤をつける前に、お湯でしっかりと予洗いすることで、目立つ汚れは落ち、シャンプーも少ない量で泡立ちやすくなります。

洗うときは地肌を洗う気持ちで、髪の毛をゴシゴシすると摩擦《まさつ》で傷むので絶対禁物です。洗い終わったら十分すぎるかなと思うくらいすすぎをしましょう。ここでも、髪をゴシゴシこすり合わせたりせず、お湯でしっかりと洗い流してください。

シャンプーのあとは必ずドライヤー乾燥を。自然乾燥は髪の傷みの原因になります。ドライヤー前に、ヘアオイルや洗い流さないトリートメントを少量つけるとダメージが防げます。

ドライヤーをかけるときも地肌に近い部分に風を当てる意識で。髪の毛の部分に直接温風を当てすぎると傷みの原因になります。全体が乾いたら最後に、ドライヤーの冷風を1～2分当ててください。髪表面のキューティクルが締まってなめらかに整いやすくなります。

髪型の参考はアナウンサーから

自分を一番ステキに見せてくれる髪型ってどんなものだろう？　男性女性、年齢問わず、誰しもが悩む問題ですよね。

仕事の場での自己実現を目指したいと考えている人は、テレビで活躍するアナウンサーの髪型を参考にするのもひとつの手です。

たくさんの視聴者に好感を持って迎えてもらう必要があるアナウンサー、しかも、情報を伝えるプロとしての信頼感も欠かせません。まさに「選ばれる外見」が必須な職種なので参考になると思います。

自分と同じ性別や年齢のアナウンサーがどんな髪型にしているか、どんな髪質に整えているかを観察した上で自分に置き換えていくと、いろいろなアイデアが浮かんでくるでしょう。

報道を中心に活躍しているアナウンサーの髪型からは、信頼感や自立した強さ、公平さ、知性や機転のようなものを感じさせるヒントを探ってみて下さい。

バラエティなどを中心に活躍しているアナウンサーの髪型には、愛される力、状況対応力、出しゃばりすぎずに場をまとめる賢さのヒントが隠れているかもしれません。

前髪で印象操作

髪型を大胆に変えないまでも、少し印象を変えたり整えたりしたいときには前髪アレンジがおすすめです。

前髪は顔の額縁《がくぶち》と言われ、顔立ちと同じくらい与えるイメージを左右する要素です。

鏡の前で、分け目を変えてみたり、下ろしてみたり、**イメージアップできる前髪をシミュレーション**してみるのもいいでしょう。

個人的に女性におすすめなのが、長めの前髪を斜めに流してサイドをピンで止めるスタイル。CAさんなどでもおなじみの、女性らしさと品の良さ、賢さが漂う前髪アレンジです。

どんな前髪にしていくときにも意識しておくといいのが、前髪の根元の立ち上がりを出し、クセを取っておくこと。前髪の根元に立ち上がりがないと前髪全体にハリがなくペタッとした印象になり、またクセがついているとアレンジが決まりません。

前髪の根元に、髪の毛が立ち上がるようにドライヤーの温風を当てていきます。クセがついているときにはブローブラシで伸ばすか、一度濡らしてドライヤーで乾かし直しを。

自分磨きの時間を確保する

自分に自信をつけるには、日々の小さな努力と積み重ねが欠かせません。

『綺麗になる方法はひとつ。自分自身がいかに自覚して、認識を持って、綺麗になるぞって覚悟を決めるかです』

これは、今は亡き美容家・佐伯チズさんの言葉です。それまでいろいろなケアに関して少し面倒くさがりだった私に、この言葉が喝《かつ》を入れてくれました。

その頃の私は、仕事でいつも帰りが遅く、ストレスから寝る前にドカ食いしてしまったり、疲れ果てて化粧したまま寝てしまうなど、自分磨きよりも欲望を優先していました。そんな不節制な生活を続けていたことが原因のひとつになったのか、40代の大頃には甲状腺癌《こうじょうせんがん》という病にかかってしまい、やつれ果てていました。しかし人生の大先輩である佐伯チズさんのこの言葉にパワーをもらい、「こんなことをしていたら人生もったいない」と一念発起。そこからはどんなに忙しくても必ず、自分を快適に保つ努力をするようにしました。

すると、半年もかからないうちに体力は回復し、それどころか以前以上に体が蘇《よみがえ》った感覚があります。

お風呂から出たらどんなに疲れていてもストレッチをする、朝少し早く起きて歩きに行く、仕事前に少し体を動かす。そうすると、その日の状態が良いのです。

こういった感じで体が喜ぶことを少しずつ続けて、自分のルーティーンにしてしまえば知らず知らずのうちに輝く毎日を取り戻せます。

6 選ばれる人の話しかた

「自分が話す」ではなく「相手に届ける」気持ちで

人前に出ると上がってしまう、声が小さくて聞こえないとよく言われる、表情が恐いと言われ誤解される、話していることがよくわからないと言われる……。私の講座でも、話をするのが苦手で仕方のない生徒さんから多くの相談をうけます。

私もかつて話をすることはとても苦手で、かなりトレーニングをしました。

そこで気づいたことは、そもそも「自分は苦手だ」と思っている意識を取り除くことからはじめるのが重要だということです。苦手意識は自分の行動にブレーキをかけてしまうもの。持っていても何のメリットもありません。

あなたの話は誰も否定していません。誰か一人に言われたことを気にするよりも、あなたの話に耳を傾けてくれている人たちに向けて発信していくことを意識しましょう。

話すということは、相手がいるということ。もしあなたが「自分の話が届いていない」と思うなら、それはきっとあなた自身が聞く人を意識できていないから。

「相手に話すこと」よりも、「自分が話すこと」を目的にしていませんか？　自分主体で話すことに意識が行きすぎて、相手とのコミュニケーションへの意識が足りないのかもしれません。

少しだけでも「相手がどう感じるか？」を意識して話をするようにしていけば気持ちのよいコミュニケーションをとることが可能になります。

例えば、相手の反応が薄ければ、いつもよりお腹に力をいれて大きめの声を出してみたり、その場の空気が少し暗ければ笑顔を意識して話してみたり。これらはそんなに難しいことではありません。あなたのスタンスが変われば相手も変わるということを行動から実感してほしいです。

ここからは簡単にできる話し方のスキルをお伝えしましょう。

届ける声の作り方

人と話すとき、またたくさんの人の前で話すときに意識しておきたいことを紹介します。

私の仕事は、人と話すこと、人前で話すことがほとんどを占めています。その中で実感するのは、声の高さやハリ、大きさなどで、場の空気も相手の反応も変わってくるということ。声の出し方で場を一気に明るくすることもできるし、無関心な相手の耳をこちらに向けることも可能なのです。

場を明るくポジティブなムードにしていくには、いつもより少しトーン高めの声で、お腹から発声すること。自分の中のイメージとして、**ドレミファソラシドの音階のソとラの音で話すように意識**してみてください。独り言やふだんの何気ない会話がドレミあたりの音階だとすると、もう一段上のイメージです。

一度、発声してみてください。やってみるとわかりますが、ラの発声って口の中の舌の奥まで開く感じで出すんですよね。口をあまりあけず、口先で話す感じではなく、唇もしっかり動かして口全体で話していく意識を持ちましょう。

明るい印象の声としっかりと聞き取れる言葉があれば、話す内容をよりクリアに相手に伝えることが可能になります。

さあ、ぜひトライしてみましょう!

話すスピードは一定にしない

声のトーン以外にも話すときの重要なポイントがあります。

例えば、話すスピード。

緊張すると、誰もが話すスピードが上がってしまうと言います。オフタイムのおしゃべりは別かもしれませんが、オフィシャルな仕事の場で、やたらと早口でまくし立てるのはマッチしません。相手に好印象を与えるどころか、何も印象に残らないという結果になってしまうことも。

話を聞いている相手の表情を見て、自分の話が伝わっているか表情から読み取りながら、話すスピードをコントロールしていきましょう。最初は丁寧に少しゆっくりめのスピードで話しはじめ、相手が話に興味を持ち前のめりになってきていることを感じたら、少し話すスピードを上げるのもいいでしょう。

話すのに慣れてきたら、声のボリュームを少し落として相手の関心を自分に惹きつけるとか、結論を話す前に一拍置いて話しはじめるなど、緩急をつけて話してみてください。

自分が話したいように話すのではなく、相手の様子を見ながら、さらに相手を飽きさせないようなサービス精神を持つ。そして、言葉のコミュニケーションと、言葉以外のコミュニケーションを同時進行させる感覚を持って話すように心がけましょう。

話すときの表情づくり3ポイント

一所懸命に話しているときにはつい、話す内容に集中してしまい、表情が硬くなりがちです。表情は自分の心を相手に示すサイン。

頭ではそんなに暗くしているつもりはなくても、暗い表情だと「この場が面白くないのだろうな」などと勘違いされてしまうこともあります。

話すというコミュニケーションには、言葉以外の表情、身振り手振り、声の大きさやスピードの緩急などの要素も絡み合っています。とくに話す表情は聞き手に対してたくさんの情報を届けるものなので、意識してもしすぎることはないポイントです。

ポイントは3つです。

①口角を上げること

口角を上げる仕草は自分自身のマインドを前向きにする作用もあります。そしてもちろん、相手にとっては好意のサインです。難しい顔で話す人より、前向きな表情で話す人に好感を持ったり、ついていきたいと思うのは当然のことですよね。話す場や相手を味方につけるために意識して口角を上げていきましょう。

②優しい目を意識すること

目は口ほどにモノを言います。

コロナ禍のマスク生活で、話すときも口元が見えない状況も多いと思います。そんなときに多くを語るのは目元。相対したときは、鋭い目よりも、優しい目のほうに人は惹かれるものです。デキるイメージを意識した鋭い目は自己満足で終わる危険性が高いのです。優しく、そして、時に眉の上げ下げなどで表情豊かに、思いのこもったコミュニケーションをする人であることを目の表情で伝えていきましょう。

③アイコンタクトをすること

話しているときには必ず相手の視線をキャッチするよう意識しましょう。もちろんずっと見続ける必要はないのですが、資料に視線を落としたまま話したり、相手の視線から逃げるような雰囲気では、伝わる話も伝わらないでしょう。

たくさんの人の前で話すときにも、ときどき参加者とアイコンタクトをするようにしましょう。

アイコンタクトをすることで、話している自分自身が、伝えている相手を認識でき、自然に話す内容に心や熱意がこもってきます。「伝えたい」という熱い気持ちで話すことができれば、「ちゃんと話さなければ」という緊張感は薄れてくるのです。

効果的に伝える力を養う、結論＋話八分目＋アフターフォロー

人に話をすることや人前で話すことが苦手、という人はきっと多いと思います。私自身、人前で話すことはもともと好きではありませんでした。

上達の道は人それぞれトライ＆エラーの繰り返しで学んでいくほかないと思っています。失敗してもまったく問題ありません。そこからその人なりの改善点が見えてき

ますし、何回か意識して話していると少しずつ確実に克服できていきます。

とはいえ、人前で話すことが仕事である私がこれまでの経験から感じた、伝えるコツのようなものを最後に紹介します。

①結論から話すことを意識する

「結論から話すことが大切」。これはよく言われることですが、なぜいいのか？ それは結論から話すと相手は安心してあなたの話を聞けるようになるからです。

結論という初期設定ができることで、あなたの話をさらに聞きたくなる効果もあります。

前置きが長かったり、結論が何なのかわからなかったりすると、聞く方は興味を失いますし、話し手の評価も下がります。まず相手の関心をひきつけて、後からその理由や過程などの説明をしていくという順序を意識することが円滑なコミュニケーションをつくるコツです。

②情熱を持って話す

「話す」ことで満足するのではなく、その先の「伝える」ことを意識しましょう。そうすると、言葉に自分の感情が乗ってきます。情熱はどんな欠点も隠してしまうマジックです。そう思って堂々とトライしましょう。

③「話八分目」を意識する

情熱が乗るのはいいのですが、話が長くなったり、同じことを繰り返しがちにならないような配慮も必要です。話す場は自己満足の場ではありません。相手の心の動きも汲《く》み取りながら話すことが重要です。八分目まで話した後は、相手からの質問や感想などリアクションをもらいましょう。一方的ではなく、自分と相手でコミュニケーションを完成させていくのです。二分は相手の興味や関心を残したまま話すことで、質疑や議論が深まっていきます。

7 コミュニケーション上手になる

丸くつながる意識

前項の「話し方」にも通じますが、chapter3の最後のテーマはコミュニケーションです。自分の強みやオリジナリティを他者との関係で活かすには、コミュニケーション上手になることがマストな条件と言えます。

ただ、私たちが抱える悩みの多くが人間関係に起因するものと言われるだけあって、コミュニケーションの難しさにも日々直面させられます。

私は、コミュニケーションとは「場作り」だと思っています（chapter2の「場を味方につける」の項目も、もう一度読んでみてくださいね）。

相手と自分、もしくは、参加者と自分という対決型思考ではなく、そこに参加している人たちの力を結集して「場」を作っていくのです。参加者同士が丸くつながってそこから少し未来の目指すべきものへの矢印が出ているというイメージを持つと、コミュニケーションの悩みが解決しやすくなると思うのです。

参加している人みんなが、ポジティブな気持ちになれて自分の強みやオリジナリティを発揮できる状態になっていることが第一優先。笑顔や雑談やジョークなども有効でしょう。そしてそこから、それぞれの役割を担いながら、少しずつ問題解決に向けた会話や議論に進んでいくのが理想です。

対決思考から「場作り」思考へ

また、私はコミュニケーション上手になるには「聞く力に尽きる」とも思います。

これには二つの意味があります。

まず相手の話や、言葉以外の表情や仕草といった要素から、相手の思いや考えていることをきちんと理解していく力。

参加者を理解することが、参加者の能力や情熱をきちんと活かせるような場作りや近い未来へのステップ作りへとつながります。チームのためにも、自分のためにも、相手の話を聞く力、感じる力を持っている人こそ、これからの時代に必要とされる人です。

もうひとつは、**相手から話や思いを引き出すような聞き方ができること**。話している人に対してきちんと反応できる人は、もっと多くの貴重な考えをその人から引き出すことができます。例えば、うなずく仕草やメモを取ること、笑顔、質問することや、共感したポイントのフィードバックなどです。

誰かが話しているときも、「話す人と聞く人」という対決型思考ではなく、聞く側も一緒に「場」を作っているという意識でいてください。興味や共感のリアクションがまったくない中で話をして気持ちのいい人はいないでしょう。そんな場に置かれたら、ただ緊張してしまい、持っている能力も発揮できない状況になるかもしれません。

自分と同じ場に参加している人たちの強みやオリジナリティを、自分のそれと同じくらいリスペクトし、大事に扱う気持ちがなければ、自分のチームや組織の成功は達成できないのです。

信頼を集め、メンバーをリードし、チームや組織を成功へ導くのは、相手や仲間を理解し、力を引き出すような「聞く力」を持つ人です。

常に相手のグッドポイントを探す姿勢

社会や他者から選ばれる自分に変わりたいと思っても、実は、ひとりの努力だけでは達成できないことです。誰かのためや社会のために役立つ自分であろうとする意識を根底に持っておくことが求められますし、そのために仲間や同僚など自分のまわりの人たちの強みやオリジナリティを理解して、大事にする意識も必要です。

まわりのいい部分を認められるようになると、不思議と「ないものねだり」をしなくなっていくものです。

自分の経験や育ちの中で蓄積された、自分が持っている価値に感謝が生まれます。一見、役に立ちそうにないと思う価値や可能性でも、見る角度を変えたり、使い方を工夫したり、**並べ方や順序を変えてみると、前へ進む強い力になったりする**のです。

ないものを数えたり、劣っているところを卑下している時間はもったいない。それよりも、あるものを活かす方法を考え、優れているところをもっと強くしていくほうが、ずっと現実的で成果の出る考え方です。

人間同士のコミュニケーションも同じです。相手のグッドポイントを探せる人や、そこに興味を持てる人が、コミュニケーションの達人です。

コミュニケーションへのマインドセットを変えれば、人間関係も必ず変わってきます。

自分を信じ、自分とのコミュニケーションを大切にする

ここまで社会や企業や他者から「選ばれる人」になるための自分づくりやその表現方法について紹介してきました。その最後に、もっとも大切なメッセージを送りたいと思います。

常に、自分の心の声に耳を澄ましていてください。

本当のあなたは、自分が思っているよりも、ずっと素晴らしいのです。自分が行っていることやまわりの環境に対して誇りを持ち、自分自身と素直にコミュニケーションすることで、自分の中にある強みの原石がきっと見つかるはずです。

「こうでなければならない」という先入観や、「私なんて」という自己否定の気持ちを手放して、素直な本当の自分としっかり会話してみてください。自分を認め、自分の力を客観的に見つめることで、初めて人間としての成長があります。

本当のあなたは、誰にも似ていないすごい人なのです。

みなさんがこの本で「すごい自分」を少しでも発見してくださったらこれ以上うれしいことはありません。どうぞ、価値ある本当の自分と向き合ってください。

おわりに

本書をお読みいただき、ありがとうございます。

最後に私自身のことを少しお話ししようと思います。

なぜ私が、学生や社会人の〝強みとオリジナリティの発見〟をテーマにした講義やセッションを行っているのか、そのきっかけの話です。

恥ずかしながら、私は10代、20代、そして30代半ばに至るまで自分が何者なのかを見つけられず、自分で主体性を持って考えることから逃げ、刹那的な楽しみを追い求めがちで、そんな自分への劣等感に苛まれながら生きていました。


私が生まれた家では、私の母をオーナーとして、予備校や飲食店や舞台芸術の事業を手掛けていました。

私はスポーツインストラクターや飲食の仕事、ソムリエなどさまざまな仕事を経験した末、30代半ばでカリスマのようなパワーを持つ母のもとで職を得ます。家業の中でも大きな柱だった予備校スタッフとして働きはじめたのです。何の経験もなく、大学受験の知識もゼロ、それまでの職歴で得たスキルを活かせるような仕事にも思えず、正直「仕方なく」の選択でした。

予備校に入社してからの最初の数年間は、私という人間の活かし方がまったくわからず、いつももがいていました。身の丈に合わないプライドの高さも邪魔して、誰にも相談できませんでした。

朝になれば、「またイヤな1日と向き合わなければならない」というため息とともに起き、会社に行けば「会社用の顔」という嘘の仮面をつけ、そんな嘘の自分が生徒やスタッフに「笑顔で、テンション高く、前向きに！」なんて虚《むな》しい掛け声をかける日々。

内面は思うような自分になれない不満と不安と葛藤ばかり。自分のネガティブ感情に振り回され、会社に貢献したい思いは微塵《みじん》も生まれてきません。お金を稼ぐという目的だけで仕事をこなし、今思えば本当に時間を無為に過ごしていたと思います。

根本には会社や組織に対する甘えと思い上がりもありました。自分は〝オーナーの娘〟という特別な存在であるという傲慢な思いがどこかにあったのでしょう。

そんな私が、あることをきっかけに人生の方向転換を迎えることになったのです。予備校がフラッグシップ校として東京・表参道に校舎を新設することが決まり、そのオープニングに携わることになったのです。当時何のモチベーションもなく生きていた私に対して、母が見るに見かねて与えてくれたチャンスでした。

その時母からこんなことを言われました。

「あなたには人を見る目がある。だから人の良いところを引き出すことをやってみなさい」

いつも厳しい母からのこのメッセージに心が沸き立ったのを今でも覚えています。

自分にそんな一面があるなんて夢にも思いませんでした。それどころか、できないことだらけのダメ人間だと思っていました。当然、敬愛する母も、私のことは半ば諦めているだろうと勝手に決め込んでしまっていたのです。

見捨てられていると思っていた母の言葉に、私は、初めて使命感のようなものを感じました。お腹の底からパワーがみなぎってきたのです。

そこからは何をするにも「あなたには人を見る目があるから」という母の言葉を信じ、いろいろな場面でその言葉が背中を押してくれました。

生来、考えるよりもまず行動するタイプの人間だったこともあり、失敗を覚悟の上であらゆることにチャレンジしました。

大学受験の知識も受験勉強の経験もないから、学習相談は私にはできない。だったら私は人のやる気を引き出すことに徹しよう。新規の入校希望者への営業面接のやりかたも、プライドをかなぐり捨てて、ゼロから教えを請い、先輩の真似をすることからはじめました。もう二度と虚しい自己否定の時代には戻りたくない！　何かを取り戻そうと必死でした。

目の前にいる生徒をなんとかやる気にさせるコミュニケーションを考え抜く、保護者の悩みはとにかく親身になって耳を傾け解決に向けての提案をしていく、時にはギャグを言って笑わせたり、逆にホロリとさせたり。どうすれば、相手の悩みや不安を解決できるかということに、時間を惜しまず、真剣に向き合い続けました。

もがきながら、足掻《あが》きながらのがむしゃらな努力で、失敗もたくさんありましたが、工夫に工夫を重ねて、そのうち、成果は確実に出てきました。東大と東工大の区別もつかなかった私が、いつしか予備校入校希望者の営業では全社内で1番の成績を取れるようになっていました。

そこから少しずつ生徒指導をはじめることになったのです。人前で話したり、何かを教えるといった経験もなかったので最初は戸惑うことばかり。でも、ひとつだけ、違和感なくできたことがありました。それは生徒の良いところを発見し、引き出していくことです。自分でも不思議なくらい、その講義や面談には、自分の力を信じて臨むことができ、生徒の気づきや希望のために自分を役立てることができたのです。かつて母が見つけてくれた私の強みは、本物だった。そう実感しました。

しかしまだまだ迷う日々の連続でした。

自分にできる教育とはなんだろう？　これからの時代にあった教育とはなんだろ

う？　私という人間をこの業界でもっと活かすには？
どうしたら良いのか見えないまま、暗中模索の日々が続きます。

当時の日本はいわゆる偏差値教育の全盛期。ほぼ全員がさまざまな模擬試験を受けてはその判定に右往左往する受験システムです。これは現在でもあまり変わらないとは思いますが、この偏差値志向の受験だと、何のために大学に行くのか？　という本来の目的はスルーされます。大学に行くことだけが目的となってしまうのです。そのことに対する違和感を覚えて悶々としていました。

そんな折、私の所属していた予備校で大転換が起きるのです。ペーパーテスト突破の偏差値軸の受験対策から、「人物重視、多面評価」型受験に特化した教育へと舵《かじ》を切る英断でした。いわゆるＡＯ受験の対策を強化していこうという転換です。これは私の悩みも打ち破るブレイクスルーでした。

また、予備校での仕事を通じ一生宝物にしていきたいと思うほど、大切な仲間との出会いがあり、それによって私自身が大きく成長することもできました。

それらの経験を元に、私はさっそく「個人の強み」を引き出すワークやメソッドの研究に没頭しました。

この本でも紹介している、自分を振り返るワークや将来のなりたい姿と今の自分をつなげていくワークを行ったり、コミュニケーション能力を高める講座や自分を表現する講座などさまざまな手法を使った講義を行うようになったのです。

やがて予備校の中で劇的な変化が起こりはじめます。

今まで「できない子」として一括りにされていた生徒が想像もつかないレベルで成長を遂げたり、驚くような力を発揮するようになりました。自分を信じる力とそれを伝えていく力を手に入れ、奇跡の合格を勝ち取るという劇的なストーリーも数えきれないほど目にしました。

そこから私は人の強みを引き出すことだけに特化した「パーソナルブランディング」と銘打った講座を本格的にスタートし、研究を重ねながら、学生だけでなく、社会人向けにもアイデアを詰め込んだ講義を展開していくことになったのです。

試行錯誤しながら確実に成果は上がっていきました。

とくに、生徒のモチベーションアップと自己表現力やコミュニケーションスキルの向上は著しく、奇跡的な大学合格物語はますます増えていきました。

めざましく伸びたのは合格率だけではありません。教え子たちは大学に入ってからも自分の力を信じ、活躍の場を広げ、輝かしい成果を残していきます。

私の講義やワークをはじめさまざまな体験を通じて、生徒たち自身が自分の内側にあった宝の原石を発見し、磨いていくことで、彼らの中の何かが大きく変化したのです。例えば、主体的に物事に関わる力、ゴールを見据えて今を考える力、予想もつかない出来事に対応する力、他人の立ち位置で考えられる力、自分らしく表現する力。挙げればきりがありません。大学受験というタイミングで身についたこの力は、結果、社会で〝選ばれる人〟になることにもつながります。すなわち、就活でも輝かしい結果を得られたのです。

おそらく彼らの中に一生、この宝物は輝き続けるでしょう。かつて私の母が引き出してくれた私の強みが私の宝物になり、今もたくさんの人の幸せや成功に役立っているのと同じように。

その人の一生に亘って、まるで魔法の杖《つえ》のように可能性を引き出してくれるのが「自分の強みとオリジナリティ」を発見し深めていく体験です。

自分らしく、誇りをもって、輝いていく力。

「ねばならぬ」思考ではなく、自分がこうありたいという思考を大切にする力。

それは、決して自分の外にあるのではなく、自分の中にこそ潜んでいるものです。自分では気づかないくらい小さなことやくだらないと思うことが、実は宝の原石だったりするのです。

ほんの少しだけ勇気を出して自分を整理してみることや、心の底からなりたい姿を思い描いてみることから、原石を見つけ宝物に磨いていけるのです。

大切なことは自分の軸。自分自身を知り、自分らしく生きていくために、先入観や自己否定感を捨てて、価値ある本当の自分と向き合ってください。

最後に、今は亡き母が教えてくれた大切な言葉を添えます。

「今日の誓い」
一、私は今日一日に全力を尽くす。
一、私は今日一日をすべてプラスに考える。
一、私は今日一日を無限の可能性に挑戦する。
一、私は今日一日をあらゆることに感謝し、人のために役立つ。
一、私は今日一日を最後の日として生き抜く。

麻加真希

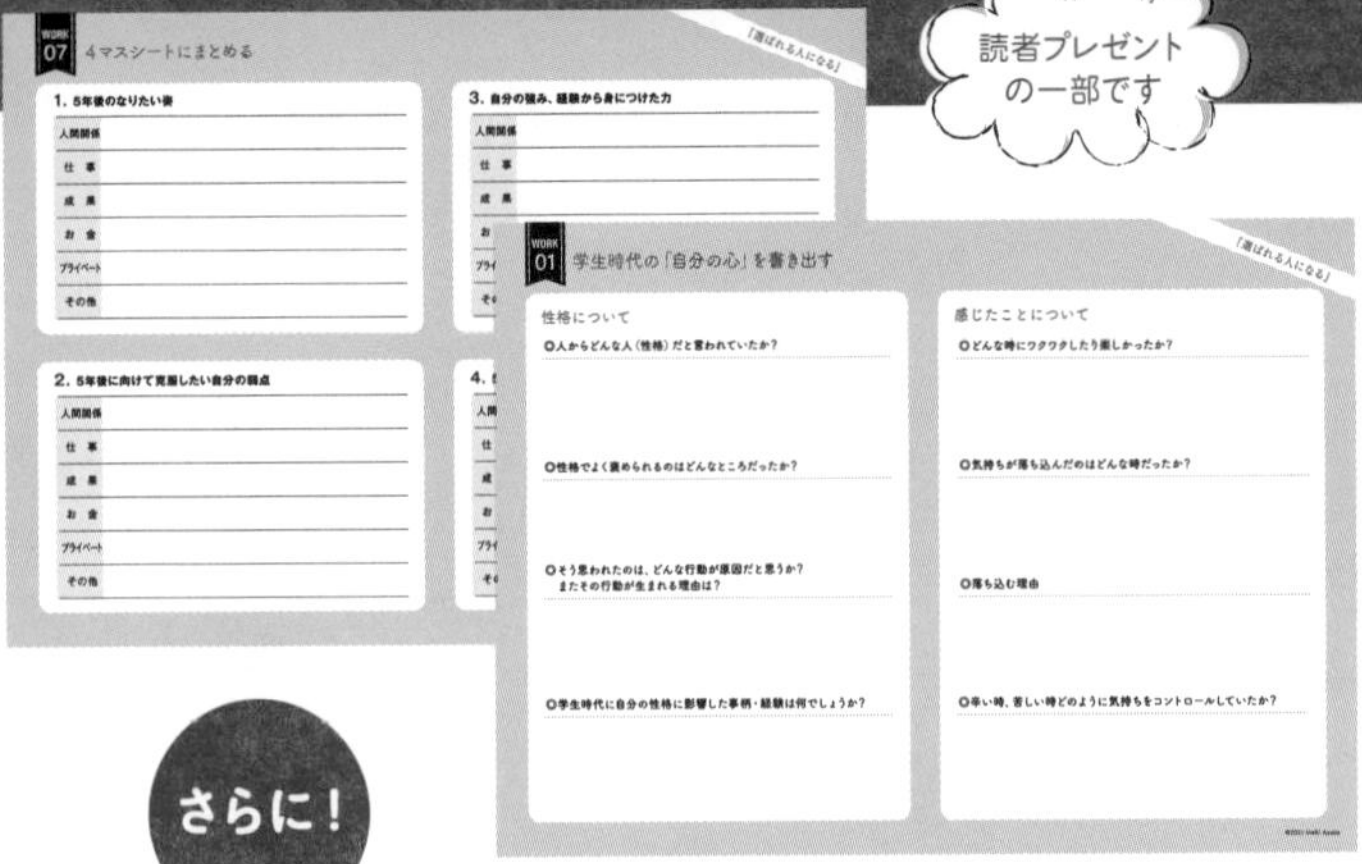

読者プレゼントの一部です

さらに！

無料プレミアム特典プレゼント

★「**人の心をつかむ自己紹介シート**」
たった5分書き込むだけで自己紹介がスムーズになる。

★「**自分の体型を武器にするコーディネートシート**」
体型別に似合うスーツを知ってさらに選ばれる人になる。

無料プレミアム特典プレゼントはこちら

https://www.makibranding.com/premium-present/

※プレゼントは予告なく終了することがあります。予めご了承ください。
※ダウンロードされたフォーマットは個人的使用の範囲に限らせて頂きます。再配布はご遠慮ください。
※本プレゼントを使用したことで生じるいかなる問題に関しても著者は一切の責任を負いかねますので、予めご了承ください。

読者のあなたへ
感謝のプレゼント

書籍をご購入いただきましてありがとうございます！

本書に掲載した、自分のことを書き出すワークの中で使用したシートを特別にプレゼントします！ ダウンロードして便利に書き出せるようになっています。新しい自分発見にぜひお役立てください。

1・「学生時代・自分の心を書き出す」シート
2・「学生時代・自分に起こったことを書き出す」シート
3・「社会人・自分の心を書き出す」シート
4・「社会人・自分に起こったことを書き出す」シート
5・「ハードな時期・自分を成長させた時期を振り返る」シート
6・「ライフタイムチャート」シート
7・「5年後イメージ達成4マス」シート
8・「世界観まとめ」シート
9・「10バリュース」シート

プレゼント内容

右コードより
ダウンロード
してください

https://www.makibranding.com/home/work-sheet-down-load/

Profile

麻加真希《あさかまき》

大手民間教育機関において20年以上、総合型選抜入試(旧AO入試)をはじめとする特別入試に特化した指導を行う。これまで延べ3万人以上の生徒指導に携わり、早慶上智・国立大学等、難関大学への合格指導実績を持つ。

自分の強みを再発見し最大限活かす方法をテーマに、あらゆる視点からの研究や実験を重ね、大学受験予備校界では初の「パーソナルブランディング講座」を開発。申込み開始日に即満席になるほどの超人気講師に。

現在では高校生だけではなく、就活生、社会人、企業役員、ビジネスパーソン、起業家に向けて「選ばれる人財になる指導」を幅広く展開。
講座の特徴は、その人が持つ強みを引き出すブランディングを中心に、コミュニケーションのスキルアップ、ファッションやヘアメイクでの自己演出法、舞台演出に基づいた表現方法など、さまざまなメソッドを組み込んでいること。その他カウンセリング＋実践指導までトータルで行っている。

日本アクティブラーニング協会理事・人財開発プロデューサーとして企業、教育機関の研修も行う。趣味はワイン(ワインソムリエ資格も持つ)。

HP	https://www.makibranding.com
note	https://note.com/maki5963
Instagram	https://www.instagram.com/maki_p_brand
Facebook	https://www.facebook.com/makiko.aikawa.100

装丁　tobufune
DTP・本文デザイン　美創
ワークシートデザイン　市瀬恵子

超選ばれる人

「あなたしかいない」と言われる人が
実行している3ステップ

2023年1月25日　第1刷発行

著　者　麻加真希
発行人　見城 徹
編集人　福島広司
編集者　木田明理
発行所　株式会社 幻冬舎
〒151-0051 東京都渋谷区千駄ヶ谷4-9-7
電話　03(5411)6211(編集)
　　　03(5411)6222(営業)
公式HP:https://www.gentosha.co.jp/
印刷・製本所　株式会社 光邦

検印廃止

ISBN978-4-344-04074-8　C0036

この本に関するご意見・ご感想は、
下記アンケートフォームからお寄せください。
https://www.gentosha.co.jp/e/